Georg Wailand (Hrsg.)

Unsere Zukunft ist bunt

Georg Wailand (Hrsg.)

Unsere Zukunft ist bunt

Das ganz andere Österreich

Ergebnisse aus der UNIQA-Zukunftsstudie

SIGNUM

UNIQA

Die Deutsche Bibliothek – CIP-Einheitsaufnahme

Unsere Zukunft ist bunt : Das ganz andere Österreich. Ergebnisse aus der UNIQA-Zukunftsstudie / Georg Wailand (Hrsg.). –
Wien, Hamburg : Signum Verlag, 1999
ISBN 3-85436-310-9

Medieninhaber: UNIQA Versicherungen AG, Praterstraße 1–7, A-1020 Wien
Website: http://www.uniqa.at

A-1080 Wien, Albertgasse 33
Tel.: 0043/1/406 50 33-0
Fax: 0043/1/406 50 33-12
E-Mail: contact.us@signum.at
Website: http://www.signum.at

Deutsche Niederlassung:
D-20355 Hamburg, Kaiser-Wilhelm-Straße 93
Tel.: 0049/40/35 006-850
Fax: 0049/40/35 006 800
E-Mail: signum@westerwelle.de
Website: http://www.westerwelle.de/signum

Photographin: Sissi Farassat
Cover, Layout & Gestaltung: Bernhard & Ulrike Breiner, ready to print
Ahorngasse 14 A, 2601 Sollenau

Druck: Ueberreuter Buchbinderei und Buchproduktion Gesellschaft m. b. H.,
A-2100 Korneuburg, Industriestraße 1

ISBN 3-85436-310-9
Wien, Hamburg 1999

Inhalt

Vorwort

Dass kurz vor der Jahrtausendwende alle das Thema „Zukunft" entdecken, ist nicht verwunderlich. Meist kommt bei allen Weissagungen und Trendforschungen eines zu kurz: Die Frage, wie denn die einzelnen Menschen wirklich zu ihrer Zukunft stehen. Gehen sie verzagt oder neugierig ins nächste Jahrtausend? Mit welchen Wünschen? Mit welchen konkreten Vorhaben? Was ist ihnen in den kommenden Jahren wichtig und was nicht?

Es ist uns aufgefallen, dass heute zum Thema Zukunft zu viele Antworten gegeben werden – und zu wenig gefragt wird. Daher haben wir als Versicherungsunternehmen beschlossen, statt Millenniumsfeiern oder Expertensymposien einen ganz anderen Beitrag zur Zukunftsdiskussion zu leisten und diese Lücke zu schließen: Wir starteten die größte Zukunftsumfrage, die es in Österreich je gegeben hat. Offen für jeden österreichischen Haushalt.

Die UNIQA-Zukunftsstudie sollte allen, die es wollten, Gelegenheit zur Mitsprache geben. Dass mehr als 65.000 die Gelegenheit genutzt haben, hat uns überwältigt. Und dass sie uns ein „anderes" Österreich gezeigt haben, ein optimistisches, freundliches und zukunftsorientiertes, auch.

Im Herbst 1999 hat sich unsere Firmengruppe, die unter anderem aus den 2 traditionsreichen Versicherungen Austria-Collegialität und Bundesländer-Versicherung entstand, eine neue Form und einen neuen Namen gegeben: UNIQA. Somit war für uns ein weiterer Anlass gegeben, uns für diese Studie zu engagieren. Der große Rücklauf und der dabei sichtbar gewordene Wunsch der Menschen, mit ihren eigenen Vorstellungen respektiert zu werden, hat uns in unserem Weg bestärkt: Wir wollen eine Versicherung sein, die viel mehr als bisher üblich die Wünsche und Erwartungen jedes einzelnen Kunden in den Mittelpunkt ihres Handelns stellt.

Mit der Zukunftsstudie haben wir ein Gesprächsforum ins Leben gerufen, an dem sich bereits viele Tausend Menschen beteiligt haben. Wir betrachten es als unseren Auftrag, dieses Gespräch fortzuführen und für Österreich fruchtbar zu machen. Dieses Buch stellt den Anfang dazu dar.

Generaldirektor Herbert Schimetschek

Anmerkungen des Herausgebers

Die Faszination der größten Zukunftsumfrage Österreichs

Die Demut vor der Vielfalt

Um es gleich vorwegzunehmen: Das Buch, das Sie in Händen halten, präsentiert nicht nur die Ergebnisse der größten Zukunftsumfrage, die es je in Österreich gegeben hat, sondern es ist zugleich auch wohl eines der aufregendsten Projekte, das hierzulande jemals gestartet wurde. „Unterbrechen Sie also kurz Ihren Alltag und schenken Sie sich selbst zehn Minuten Ihrer Zukunft." So schlicht lautete die Einladung auf dem Fragebogen, den rund 65.000 ÖsterreicherInnen umfassend beantwortet haben.

Was dabei herausgekommen ist, werden viele als sensationell empfinden: Weder wurden bestehende Vorurteile repräsentativ erhärtet noch scherten sich die ÖsterreicherInnen um irgendwelche Erwartungen von klugen Experten, die es „immer schon gewusst haben".

Das ambitionierte Projekt erhielt eine Eigendynamik, die es so besonders macht: Initiiert von einer Unternehmensgruppe, die damit an der Wende zum nächsten Jahrtausend einen wertvollen Beitrag leisten wollte – und beantwortet von über 65.000 ÖsterreicherInnen, die sich in keine Schablone pressen lassen.

„Unsere Zukunft ist bunt", dieser Satz ist zum Titel dieses Buches gewählt worden, weil er genau das ausdrückt, was bei diesem Projekt herausgekommen ist: Es gibt nicht „die ÖsterreicherInnen“, quasi als kühlen statistischen Durchschnitt, vielleicht gar noch leicht zynisch kommentiert von distanzierten Experten. Nein, ganz im Gegenteil: Wer dieses gewaltige Vorhaben von Anfang an miterlebt hat und dann die verblüffenden Ergebnisse in Händen hält, der bekommt das, was sich als „Demut vor der Vielfalt“ umschreiben lässt.

Es ist berührend, die unterschiedlichen Wünsche und Einstellungen mitzuverfolgen. Nein und nochmals nein: Hier handelt es sich nicht um ein statistisches „Herunterbrechen“ einer Gesamtbevölkerung, sondern hier entwickelt sich bei der Lektüre ein bunter Blumenstrauß unterschiedlichster Erwartungen, Hoffnungen und Ängste.

Nie zuvor haben sich in Österreich so viele Menschen an einem Zukunftsprojekt beteiligt. Ihnen allen sei Dank gesagt – denn nur dadurch war es möglich, diese einmalige Gesamtschau zu präsentieren. Weder die Politik noch die Wirtschaft oder die Wissenschaft waren bislang im Besitz dieses „Schatzes“: Dieses Buch macht die Erkenntnisse jetzt allen zugänglich, die sich für die Zukunft unseres Landes interessieren.

Es bündelt nicht die Meinung einiger weniger Experten (obwohl sehr viele und sehr prominente daran mitgewirkt haben), sondern verleiht jenen eine Stimme, um die es geht: den ÖsterreicherInnen. Mit all ihren Einstellungen, Einschätzungen und Haltungen.

Wer die Ergebnisse im Detail studiert, dem kann es nicht anders gehen wie mir auch: Man bekommt Respekt vor den ganz persönlichen Zeugnissen, man fühlt, wie individuell die einzelnen Lebenssituationen sind und wie falsch es wäre, alles über einen Leisten zu scheren.

„Ich möchte nicht umsonst gelebt haben“, heißt es da etwa in einer der vielen Anmerkungen, die auf den Fragebögen angeführt wurden. Oder:

„Ich liebe das Heute, das Morgen ist ein Kind der Nacht." Wieder an anderer Stelle findet sich der Satz: „Mein Traum von der Zukunft? Ich möchte in einer Hängematte liegen, zwischen einem Kirsch- und einem Nussbaum im eigenen Garten." Wieder auf einem anderen Fragebogen findet sich die Anmerkung: „Ich möchte meine Mitte finden und halten."

Besonders bemerkenswert der folgende Beitrag eines Österreichers. Mit ergreifenden Worten wird hier eine wichtige Erkenntnis der Studie formuliert: „Alles um uns ist bunt, in schneller Bewegung, aber das Individuum muss für das Glück der Zukunft seine Mitte suchen und finden."

Alles Leben ist Bewegung,
wer Angst hat, verliert es
Aktivität im Äußeren ist
der Versuch, den Fluß des
Lebens zu spüren, dieser
scheitert meist. Das Leben
fließt von selbst, es braucht
die wahnwitzige Geschwindig-
keit unserer ("westlichen")
Gesellschaft nicht, um in
Bewegung zu bleiben,
es ist ja Bewegung.
Aber wer genau hinschaut,
der erkennt, daß im
Zentrum Ruhe ist,
kein Streß, keine Hektik,

kein Streß, keine Hektik,
keine Angst, kein "Ich muß!"
- aber wer ist schon in
seinem Zentrum?!

Mögen wir unsere Mitten wiederfinden!
Mut, Kraft und die Erkenntnis,
daß uns dies tatsächlich weiterhilft!

Das sind nur ganz wenige Blitzlichter von tausenden Anmerkungen, die im Rahmen der Umfrage eingeschickt wurden. Eine Auswahl davon finden Sie in Zitatform in den einzelnen Kapiteln wieder.

Für mich besonders eindrucksvoll waren die zahlreichen Kinderzeichnungen, die zu diesem Thema eingeschickt wurden. Die Kommunikationspsychologin Dr. Angelika Trachtenberg hat eine Auswahl davon zusammengestellt, ihre Analyse dazu finden sie ab Seite 97.

Weil gerade diese Zeichnungen in absolut unverfälschter Form die Hoffnungen, aber auch die Zukunftsängste ausdrücken, haben wir uns entschlossen, einige davon im Rahmen dieses Buches zu veröffentlichen. Wenn da etwa ein Kind einen dunklen Himmel zeichnet, von dem schwerer Regen auf ein Haus niederprasselt und ein Kind vor der verschlossenen Tür steht und diese Zeichnung dann als größten Zukunftswunsch den Titel trägt „Immer nach Hause kommen dürfen ... “, so macht das spürbar, wie unmittelbar Leben ist. Für die Kleinen ebenso wie für die Großen.

Und genau das unterscheidet dieses Buch auch von allen anderen: Es ist geprägt von der Demut vor der Vielfalt, vom Respekt, den uns unterschiedliche Lebenssituationen, Lebenszyklen, Befindlichkeiten und Wertigkeiten abnötigen. Die Antworten geben nicht übergeordnete Instanzen, sondern auf den folgenden Seiten finden Sie die wunderbare Vielfalt einzelner Persönlichkeiten, die alle in unserem Österreich unterwegs zur Zukunft sind. Darum ist das auch kein Buch „über“ die ÖsterreicherInnen, sondern von und für die ÖsterreicherInnen.

Sie haben die „Erkennisse für morgen“ möglich gemacht, die Gegenstand dieses Projektes sind!

Die ÖsterreicherInnen sind ganz anders und einzigartig

In diesem Buch finden Sie die Ergebnisse dieses einmaligen Projektes in 6 Kapiteln aufgegliedert. Um Ihnen aber einen „roten Faden“ durch diese Studie zu ermöglichen, seien an dieser Stelle einige der besonders verblüffenden Resultate aufgelistet.

Wenn es um die Zukunft geht, dann schwelgen die ÖsterreicherInnen nicht in Visionen, die sich mit den nächsten Jahrzehnten beschäftigen, sondern Österreichs Zukunft ist für die meisten zum Greifen nahe:
Fast die Hälfte der ÖsterreicherInnen sieht den Beginn ihrer Zukunft in unmittelbarer Nähe – morgen oder in der nächsten Woche. Zukunft passiert jetzt.

Und noch mehr mag überraschen, dass die Vielfalt der ÖsterreicherInnen zwar sehr bewusst in der Gegenwart lebt, dass sich aber über 40 % oft Gedanken über die Zukunft machen.
Ein ganz wesentliches Ergebnis dieses Projektes ist die doch optimistische Grundfärbung in Richtung Zukunftserwartung.
An erster und zentraler Stelle steht die eigene Gesundheit. 6 von 10 ÖsterreicherInnen führen das explizit an. Aber wenn es darum geht, auch etwas Mühsames für die eigene Gesundheit zu tun, schaut es sofort anders aus: Nur 11 % sind dazu bereit ...
Die Familie hat nach wie vor einen hohen Stellenwert, ebenso wie eine glückliche Partnerschaft.

Bei der Frage, welche Farbe die Zukunft habe, waren die Antworten besonders eindrucksvoll: Die meisten entschieden sich für „bunt", dann folgten die Farben „blau", „grün" und „gelb".
Diese Ergebnisse werden an anderer Stelle dieses Buches im Detail kommentiert und interpretiert – wichtig ist in der Gesamtschau aber vor allem, dass eindeutig „lebensbejahende, optimistische Farben" dominieren.

Verblüffend bei den Resultaten dieses Projektes ist ferner, dass es nicht Sache der ÖsterreicherInnen ist, sich mit „entrückten Zukunftsphantasien" auseinanderzusetzen. Dazu ist man viel zu gegenwartsbezogen, aber: Der gezeigte Optimismus führt immerhin dazu, dass 80 % der ÖsterreicherInnen Neugierde und Interesse an dem bekunden, „was in Zukunft noch alles entdeckt und erfunden werden wird."

Ebenfalls 80 % der ÖsterreicherInnen glauben daran, ihre Zukunft weitgehend selbst bestimmen zu können.

Das eigene Haus und die eigene Wohnung besitzen darüber hinaus einen unangetasteten Stellenwert. Wer sich diesen Wunsch bisher nicht erfüllen konnte, möchte dieses Ziel in Zukunft erreichen.
Keine Faszination geht hingegen für die meisten von so abenteuerlichen Gedanken wie etwa einem „Flug auf den Mond“ aus. Dazu sind sie viel zu „erdnah“ und auf das „persönliche Universum“ konzentriert.

Es gibt auch kein Votum für die „goldene Kindheit“: Gefragt nach den besten Jahren des Lebens entscheidet man sich vorwiegend für die mittleren Jahre zwischen 20 und 40. Und es wird auch nicht die Vergangenheit „verklärt“, sondern: Die beste Zeit ist die Gegenwart!
Auf die Frage nach der Zukunft der Kinder zeigt man sich nicht so optimistisch. Überwiegt bei den ÖsterreicherInnen die Zufriedenheit mit dem eigenen Leben, so rechnet man doch damit, dass die nächsten Generationen es schwerer haben werden!

Schon die wenigen hier angeführten Beispiele machen deutlich, wie „bunt“ die Zukunftserwartungen und Einstellungen der ÖsterreicherInnen sind.
Erstmals ist es gelungen, hier fernab aller Klischees und Vorurteile der Sache auf den Grund zu gehen.
In jedem der folgenden Kapitel werden Sie überraschende und zugleich eindrucksvolle Ergebnisse vorfinden. Die ÖsterreicherInnen sind anders – anders jedenfalls, als es bisher angenommen wurde!

Georg Wailand

Einleitung

Rudolf Bretschneider
renommierter Meinungsforscher,
hat die UNIQA-Zukunftsstudie
wissenschaftlich betreut

Die Saat für die Zukunft

Als Vorboten des neuen Millenniums haben Bücher, die sich mit der Zukunft befassen, Hochkonjunktur. Der Wunsch vorauszuschauen ist wahrscheinlich so alt wie der homo sapiens selbst. Der Hang zu Prophezeiungen und die Anhänglichkeit an diese sind ein Teil des Menschen – es sind die Quellen, aus denen Sicherheit für die Gegenwart geschöpft werden soll. Im aufgeklärten 19. und 20. Jahrhundert waren es nicht mehr Propheten, Wahrsager, Auguren und Orakel, von denen man einen Blick auf das Kommende erwartete. Gesellschaftswissenschafter, Ideologen, Techniker haben ihre Rolle übernommen und Zukunftsbilder, utopische Entwürfe geliefert, die den Eindruck vermitteln, dass klar ist, wohin unsere Reise geht.

Es ist freilich eine trügerische Sicherheit, auf die wir bei diesen Zukunftsvisionen bauen. Betrachtet man viele der einschlägigen politischen und technischen Utopien, dann sehen wir nur eines klar: die Vergangenheit der Zukünfte. Weder die klassenlose Gesellschaft noch das wunderbare Reich der allgemeinen Freizeit oder das magische 1984 à la George Orwell sind wahr geworden. Und angesichts vieler Zukunftsszenarien dürfen wir froh sein, dass es ganz anders gekommen ist.
Um die Jahrtausendwende potentiert sich nun das Streben nach der Zukunftsschau. Wirft man einen Blick auf die gängigste Art dieser Vorausschau, dann fällt auf, dass Technik-Determinismus für unsere Zeit charakteristisch ist. Häufig wird die Vorhersage versucht, welche technischen Entwicklungen vor der Tür stehen – von der Vernetzung der Welt über

den Internet-Zusammenschluss der Medien bis zu neuen Supergebilden, die der Globalisierung ganz neue Dimensionen geben –, und dann wird (vielfach zu kurz) geschlossen, dass diese technischen Evolutionen das Leben der Gesellschaft von morgen unentrinnbar bestimmen werden.
Dabei schiebt man nur allzu oft die Erfahrung beiseite, dass schon bisher gerade jene technischen Erfindungen nicht vorhergesehen wurden, die unser Leben stark prägen. Die wenigsten Fortschritts-Propheten haben Erfindungen vorhergesagt, die uns heute relativ einfach, ja alltäglich erscheinen: das Fax etwa, das Handy oder das Internet. Wir werden also trotz der dicken Bände technischer Zukunftsschau auch weiterhin mit nicht prognostizierten und nicht prognostizierbaren Überraschungen rechnen müssen, die dem Leben von morgen ein ganz anderes, unerwartetes Gesicht geben können, als uns die modernen Auguren suggerieren wollen.
Häufig wird auch übersehen, dass nicht der technische Fortschritt mit unausweichlicher Ausschließlichkeit über die gesellschaftliche Entwicklung entscheidet. Meistens sind es ganz andere Faktoren, die das Zusammenleben in der modernen Welt grundlegend bestimmen: Fragen der Bevölkerungsentwicklung (und dabei in erster Linie das „age-quake“, verursacht durch die Zunahme des gesellschaftlichen Segments der älteren Menschen), die internationalen Organisationsformen oder die meist unvorhersehbaren politischen Entwicklungen (wie der Zusammenbruch des Kommunismus, der selbst die angesehensten politischen Beobachter und Kenner unerwartet traf).

Von der Zukunft lässt sich nur eines mit Sicherheit sagen: Sie ist kein fertiges Gebilde, das schon draußen vor der (Zukunfts-)Tür steht, die man nur weit genug aufstoßen muss, um zu wissen, wie sie aussieht. Die Zukunft ist vielmehr ein sich ständig veränderndes Projekt, das sich aus dem entwickelt, was in den Keimen der Gegenwart liegt. Und deshalb entzieht sie sich unserem Einfluss auch nicht vollkommen. Denn welche Keime sich im Morgen entwickeln können, hängt nicht zuletzt davon ab, welche Handlungen heute gesetzt werden.

Entscheidend dafür, welche Entwicklungen aus dem Heute ins Morgen reichen, ist zuallererst das Verhältnis der Menschen nicht nur zur Zukunft selbst, sondern auch zu Vergangenheit und Gegenwart. Eine Gesellschaft, die sich übermäßig auf Vergangenheit und Geschichte fixiert, wird in Lähmung enden, wird immer das Gleiche wiederholen oder nur das Alte konservieren. Wohin es führt, die Gegenwart immer nur nach dem Schema der Vergangenheit verstehen zu wollen, hat schon Friedrich Nietzsche aufgezeigt („Vom Nutzen und Nachteil der Historie für das Leben").
Eine übermäßige Fixierung auf die Zukunft wiederum hat in der Vergangenheit in den großen ideologischen Systemen dazu geführt, dass ganze Gegenwartsgenerationen ständig Opfer im Namen der Zukunft bringen mussten, einer Zukunft, die nicht nur fern war, sondern in ihrer Unerreichbarkeit auch noch immer weiter hinausgerückt wurde.

Die Menschen müssen zu einer Balance zwischen der Last des Gedächtnisses und dem Hang zur Vorausschau und dadurch zu einem vernünftigen Verhältnis zur Zeit finden. Dieses schwierige Unterfangen zu erleichtern, versucht die hier vorliegende Studie, die UNIQA in Auftrag gegeben hat. Ihr großes Thema ist das Verhältnis der Österreicherinnen und Österreicher zur Zeit, zur Gegenwart, zur Vergangenheit und zur Zukunft.
Und darin unterscheidet sich dieses Buch grundlegend von all den anderen Werken in der Flut an Zukunftsliteratur, die an der Schwelle des zweiten Millenniums die Regale der Buchgeschäfte füllen. Die UNIQA-Studie bietet einen Überblick über den geistigen Boden, auf dem sich die Zukunftskeime entwickeln und ersetzt dadurch das beklemmende Bild der Unentrinnbarkeit schicksalshafter Umwälzungen durch die Gewissheit, dass vieles, was uns morgen bewegen wird, schon heute von uns gestaltet werden kann; dass wir uns nicht fürchten müssen, dass uns Brüche und Zusammenbrüche auf den Kopf fallen werden, sondern dass es vielmehr darauf ankommt, was sich in unseren Köpfen abspielt, um für das Kommende bereit zu sein. Vergessen wir nicht, dass die heraufziehende Datumsgrenze zwar von verführerischer Schönheit ist, dass sie zu Ab-

grenzungen und zu Zäsur-Denken verleitet, dass sie aber alles andere als eine Barriere ist, hinter der alles ungewohnt, neu, unbeeinflussbar wäre. Wenn wir wissen, wo wir stehen, fällt es leichter, uns darauf einzustellen, wo wir hingehen.

Darum versucht die Studie der UNIQA auszuloten, wie die österreichische Bevölkerung am Ausgang dieses Jahrhunderts zur Zukunft, zur Gegenwart und zur Vergangenheit steht; ob es tatsächlich eine so starke Vergangenheitsorientierung gibt, wie sie die Österreicher sich manchmal selbst nachsagen; ob die Zukunftsängste wirklich so stark und so zahlreich sind, wie gerne behauptet wird; oder ob sich die einzelnen Bevölkerungsgruppen nicht auch in dieser Hinsicht so unterschiedlich verhalten, wie das für eine moderne Gesellschaft charakteristisch ist, in der das Nebeneinander der unterschiedlichsten Einstellungen zu einem bestimmenden Charakteristikum geworden ist.

Das Besondere an dieser Standortbestimmung ist ihr Ausgangspunkt: Nichtexperten wurden befragt, welche Zukunftsbilder sie allerorts auszumachen glauben, kein Orakel wurde benutzt und auch keine modernen Nostradamusse konsultiert. UNIQA hat die Bevölkerung befragt.

In meiner über 30-jährigen Berufserfahrung als Sozialforscher ist dies sicher der umfassendste Ansatz, der jemals in Österreich versucht wurde: In diese Untersuchung sollten alle österreichischen Haushalte einbezogen werden. UNIQA versandte schriftliche Fragebögen an 3,3 Millionen Haushalte. Die Untersuchung wurde in den Medien beworben, um die Menschen für das Projekt zu interessieren und zur Beantwortung der Fragebögen zu animieren, was zudem auch über das Internet möglich war. Ich hatte die wissenschaftliche Leitung für das Projekt, das am Fessel-GfK-Institut abgewickelt wurde, dem größten Institut für Markt- und Meinungsforschung in unserem Land. Um dem möglichen Einwand zu begegnen, dass jene Menschen, die die Fragebögen ausgefüllt zurücksenden, eine untypische Auswahl ergeben würden, ließ UNIQA quasi als Kontrolle vom Fessel-GfK-Institut zusätzlich eine normale Repräsentativbefragung bei 2.000 Österreicherinnen und Österreichern ab 15 Jahren durchführen.

Die Resonanz auf das Unterfangen war überwältigend. Rund 65.000 Fragebögen wurden retourniert; sie waren meist detailliert beantwortet, oft für individuelle Mitteilungen genützt und 1.300-mal mit Zeichnungen ergänzt. Und zu meiner großen Freude und Beruhigung konnte ich feststellen, dass die Ergebnisse aus der Haushaltsbefragung mit jenen unserer Repräsentativbefragung übereinstimmten.

Dieses vielfältige und umfassende Material bildet nun die Grundlage unserer Analyse. Es wurde den eingeladenen Experten des wissenschaftlichen Beirats als Grundlage für ihre Betrachtungen und Überlegungen zur Verfügung gestellt. So kommt zur Vielfalt des Ausgangsmaterials auch noch eine Vielfalt der Blickwinkel, unter denen die Wurzeln der Zukunft in unserem Land betrachtet werden. Und so ist auch das Ergebnis dieses UNIQA-Projekts einzigartig und aufregend: Im Gegensatz zu all den lieb- und gewohntgewordenen Stereotypen und Vorurteilen, die zum Inventar beliebiger Beschreibungen der Haltungen und Einstellungen der österreichischen Bevölkerung gehören, finden sich hier überraschende Befunde, unerwartete Eindrücke und neuartige Perspektiven. Vielleicht sind sie gerade deshalb so ungewöhnlich und so ungewohnt ausgefallen, weil der Ausgangspunkt, die Haltungen der Österreicherinnen und Österreicher, realer, „erdiger" und damit wahrscheinlich viel zukunftsweisender ist als erdachte, hochgerechnete, aber doch „wolkige" Prognose-Konstrukte. „Die Wirklichkeit", darauf hat schon der unvergleichliche Johann Nepomuk Nestroy hingewiesen, „ist immer das schönste Zeugnis für die Möglichkeit". Wie Recht er hat, beweist die UNIQA-Studie.

So fällt es nach der Lektüre dieses Buches beinahe leicht, unsere Bundeshymne wieder ganz wörtlich zu verstehen: Österreich – Zukunftsreich.

Wann beginnt überhaupt Zukunft?
Welche Zeitorientierung haben
die ÖsterreicherInnen?

1

Zeitorientierung in der österreichischen Gesellschaft

Gabriele Morello
ist international anerkannter Meinungsforscher und Experte für Zeitorientierung

Wenn Zeit, wie oft behauptet wird, der Spiegel des Lebens ist, so präsentiert das Projekt UNIQA ein klares Spiegelbild des Lebens in einem der kleinsten, aber doch bedeutendsten Länder Europas. Das Projekt zeigt, was die Österreicher tun und wollen; was sie erwarten, erhoffen, fürchten, erträumen; wie sie Ereignisse bewerten, die eingetreten sind oder eintreten hätten können; und schließlich, worüber sie sich einig sind und worüber sie unterschiedlicher Meinung sind. Der Bericht legt die Gefühle – oder anders ausgedrückt: die Seele – der Österreicher offen und beschreibt damit, wer die Österreicher an der Schwelle ins nächste Jahrhundert sind.

Gibt es eine Begriffsklasse, die das österreichische Volk definiert und beschreibt? Sind die Österreicher den Bürgern anderer Nationen ähnlich oder sind sie anders? Erlaubt ihre Vorstellung von Zeit Rückschlüsse auf ihre gegenwärtigen Werte und Verhaltensweisen?

Die Antwort auf diese Fragen ist Ja. Auf den folgenden Seiten soll demonstriert werden, dass diese Fragen beantwortet werden können, wenn man die unterschiedlichen Formen des Wahrnehmens, Erlebens und der Bewertung der Zeit und ihres Verstreichens untersucht. Dank der Fülle an – gültigen und glaubwürdigen – Daten, die im Zuge der Untersuchung erfasst wurden, können wir eine Reihe von Beobachtungen anstellen, die auf Fakten basieren und keine rein intellektuelle Spekulation darstellen. Zweifellos müssen wir uns hierbei auf die Grenzen eines sozialwissenschaftlichen Ansatzes beschränken. Grundlegendere Fragen zur Zeit – über ihren Ursprung, ihre physischen Eigenschaften und metaphysischen Dimensionen – würden den Rahmen dieser Untersuchung sprengen.

Das Strukturprofil

Begrifflich lassen sich die Österreicher in die Kategorie einer gegenwartsorientierten Gesellschaft einordnen, die durch eine starke Ausrichtung auf die nahe Zukunft und eine schwache Verbundenheit mit der Vergangenheit charakterisiert wird. Diese Feststellung wird im nächsten Abschnitt ausführlicher erklärt werden. Einige einführende Worte werden an dieser Stelle für sinnvoll erachtet.

Keine soziale Gruppe (und kein Individuum – sofern es nicht an ausgeprägter Paranoia leidet) ist jemals ausschließlich auf eine zeitliche Dimension fixiert. Der menschliche Geist springt zwischen Vergangenheit, Gegenwart und Zukunft und stellt Querverbindungen her. In der modernen Psychologie wird jedoch weithin die Vorstellung von dominanten Orientierungen akzeptiert: eine Gruppe setzt sich stets aus Subjekten zusammen, die entweder vorwiegend auf die Vergangenheit (Fühltypus), die Gegenwart (Empfindungstypus) oder die Zukunft (Intuitionstypus) ausgerichtet sind. Jeder dieser Persönlichkeitstypen verbringt den Großteil seiner mentalen Zeit (auch als „subjektive Zeit", „psychologische Zeit", „persönliche Zeit", „soziale Zeit" bezeichnet) in einer dieser Dimensionen. Wenn keine Orientierung dominiert und somit eine Ausrichtung auf alle 3 Dimensionen festzustellen ist, wird eine vierte Kategorie (Denktypus) herangezogen. 1921 hatte Carl Gustav Jung bereits 4 funktionale Wirklichkeiten definiert:

- das Fühlen der Wirklichkeit der Erinnerung und des Empfindens
- das Empfinden der Wirklichkeit der Unmittelbarkeit und der Konkretheit

- die Intuition der Wirklichkeit der Vorwegnahme und der Wahrnehmung
- das Denken der Wirklichkeit der Vorgänge und der Ideen

Seit damals (und eigentlich schon viel früher, wenn wir antike Typologien miteinbeziehen) haben sich Sozialwissenschafter mit der Beziehung zwischen Zeit (Zeit-Wahrnehmung, Zeit-Bewusstsein, Zeit-Erleben und Zeit-Perspektive) und menschlichem Verhalten beschäftigt. Sie gelangten zu einer Arbeitshypothese, derzufolge im Allgemeinen die folgende Struktur als gültig betrachtet wird:

- Der „Fühltypus" filtert sein rationales Denken und seine Emotionen durch – bewusste und unbewusste – Erinnerungen an eigene Erfahrungen. Er ist konservativ, gesellig, leicht erregbar, nicht sehr pünktlich und fühlt sich mit Menschen wohler als mit Technik. Eines seiner Hauptprobleme ist mangelnde Entschlussfreudigkeit. Wenn er schließlich eine Entscheidung trifft, werden gefühlsmäßigen Überlegungen vor logischen Vorrang eingeräumt.
- Der „Empfindungstypus" ist Hedonist und sucht Befriedigung in der unmittelbaren Realität. Mit Selbstsicherheit ausgestattet, reagiert er auf Reize schnell und instinktiv. Dank seiner Extravertiertheit und praktischen Veranlagung gelingt es ihm, andere zu überzeugen. Er lässt sich aber selten von Ideen und Projekten inspirieren. Der Empfindungstyp interessiert sich hauptsächlich für kurzfristige Dinge, die unmittelbare Resultate zeitigen. Er bemüht sich um Macht, wenn Macht den Weiterbestand günstiger Bedingungen garantiert.
- Der „Intuitionstypus" führt ein Leben der Vorwegnahme der Zukunft und der Vision. Er ist sehr risikofreudig und innovativ. Er kann realistisch oder unrealistisch sein, je nach dem, wie konkret und rational er ist. Seine Welt kann die eines Tagträumers oder der „Motivationsraum" eines zielstrebigen Machers sein. Da er sich in der Gegenwart nicht wohl fühlt, ist der Intuitionstypus stets woanders: für ihn ist die Gegenwart die Zukunft.

- Für den „Denktyp“ haben Vergangenheit, Gegenwart und Zukunft den gleichen Wert. Er zeichnet sich durch Kohärenz, Kontinuität und Logik aus und neigt dazu, Ereignisse in eine systematische Struktur einzuordnen, wobei es gleichgültig ist, ob die Zeit für ihn linear oder kreisförmig verläuft. Seine schlechten Eigenschaften sind Rigidität und Dogmatik, während Effizienz und die Fähigkeit, mit komplexen Situationen fertig zu werden, zu seinen positiven Eigenschaften zählen.

Diese Kategorien werden als für alle Kulturen gültig betrachtet. Der Anteil der Funktionstypen in der Bevölkerung sowie die Bedeutung und Wichtigkeit von Zeit ist jedoch in den verschiedenen Kulturen unterschiedlich und scheint mehr mit charakterologischen und psychographischen Faktoren zu korrelieren als mit demographischen Aspekten wie Alter, Einkommen und Beruf.

Komponenten des Strukturprofils

Die zusammenfassende Evaluierung der vorherrschenden Zeitorientierung der österreichischen Gesellschaft, wie sie aus der UNIQA-Studie hervorgeht, ergab eine Gegenwartsorientiertheit (Empfinden). Diese Ausrichtung beruht auf einem starken Empfinden des Hier und Jetzt, von dem die meisten Antworten durchdrungen sind, die die Befragten auf zeitbezogene Fragen gaben. Eine auf den kognitiven Aspekten der verschiedenen Einstellungen zur Zeit beruhende Schlagwortzuordnung ergab, dass über 61 % der 12.000 Befragten „gegenwartsorientiert“, fast 25 % „vergangenheitsorientiert“ und 13,5 % „zukunftsorientiert“ sind. Ungeachtet dieser Tatsache denkt die Mehrheit der ÖsterreicherInnen, dass „die anderen“ vergangenheitsorientiert sind. Diese Art der Fehleinschätzung, die der Sozialpsychologie durchaus bekannt ist, ist auch in ähnlichen Fällen oft festzustellen. Wie aus anderen Untersuchungen hervorgeht, tritt dieses Phänomen bei den Italienern in einem beinahe identischen proportionalen Verhältnis auf.

Die Gegenwartsorientiertheit der Österreicher drückt sich nicht so sehr in einem Streben nach hedonistischen Lustgefühlen aus, sondern in der Konkretheit und Realität der Bedürfnisse und Erfordernisse in grundlegenden Lebensbereichen. Gesundheit, Arbeit, Karriere, finanzielle Belange, Familie und Selbstverwirklichung werden wiederholt als die primären Quellen von Hoffnungen und Anliegen genannt.

Obwohl auch von der (romantischen?) Vergangenheit eine gewisse Anziehung ausgeht, sind die Menschen mit ihrer Gegenwart zufrieden. Bei der Befragung wählten 70 % die Kategorie „lächelndes Gesicht“, 24 % den „ernsten Gesichtsausdruck“ und nur 6 % „das traurige Gesicht“. Die Antworten der letzten Kategorie entfallen eher auf die Gruppe „getrennt lebend/verwitwet“ als auf „Senioren“.

Ein weiterer interessanter Aspekt der Untersuchung besteht darin, dass im Falle Österreichs die Gegenwart der Zukunft sehr nahe ist. Für die Mehrheit der Menschen ist die persönliche Zukunft keine ferne, verschwommene Dimension. Für 41 % beginnt sie „morgen“. Nur 4 % ordnen die Zukunft einem Zeitraum zu, den Wirtschaftsfachleute als „mittelfristig“ (5 Jahre) bezeichnen würden. 6 % assoziieren einen langfristigen Zeitraum (über 10 Jahre). Diese Unmittelbarkeit der Zukunft wird nicht von allen Kulturen geteilt. Untersuchungen, die der Verfasser über mehrere Jahre hindurch in verschiedenen Ländern unter Anwendung eines geometrischen Konzepts räumlicher Punkte durchführte, zeigten, dass sich die Menschen in Finnland, Italien und insbesondere in den Niederlanden eine größere „Distanz“ zwischen der Gegenwart und der Zukunft (wobei die Distanz zwischen diesen beiden Dimensionen mit einer Punkteanzahl zwischen 1,6 und 2,8 dargestellt wurde) vorstellten. Am anderen Ende des Spektrums liegt Südafrika, wo die Studie einige Tage vor der Freilassung Mandelas durchgeführt wurde. Dort schien die Zukunft „gleich um die Ecke“ zu liegen (0,7). Vor 10 Jahren war für ein Sample österreichischer Manager die Distanz ziemlich kurz (1,2). Laut

UNIQA-Studie würde diese Zahl jetzt vielleicht niedriger ausfallen, da die Zukunft nun noch stärker als in unmittelbarer Reichweite liegend betrachtet wird.

Bei der Bewertung von Optimismus und Pessimismus sind einige Ängste festzustellen. Die Antworten spiegeln 3 Gruppen wider: eine konsistente Gruppe glaubt, dass die Zukunft besser als die Vergangenheit und Gegenwart sein wird, eine weitere Gruppe glaubt, dass sie schlechter sein wird und eine (knappe) Mehrheit glaubt, dass die Zukunft ähnlich wie Vergangenheit und Gegenwart sein wird.

Träumen die Österreicher? Ja, besonders die Jugend. Die Menschen hängen jedoch weniger allgemeinen Träumen an (56 % der Befragten). Die Anzahl der Menschen, die Träume verfolgen, steigt, wenn es sich um individuelle Wünsche und Hoffnungen handelt (79 %). Dies belegt auch die konkrete, auf Fakten beruhende Natur ihrer Gegenwartsorientiertheit. Trotz aller Träume scheinen Vorahnungen selten vorzukommen: 57 % haben selten oder nie Vorahnungen und nur 6 % oft. Nur 10 % schauen mit Angst in die Zukunft und eine geringfügig größere Anzahl mit Besorgnis. Die Mehrheit sieht der Zukunft mit Vernunft und Mut entgegen.

Schlussfolgerungen

In der modernen Soziologie wird eine gegenwartsorientierte Gesellschaft mit der Postmoderne assoziiert, wo Diskontinuität und die Verführung des Vergänglichen an die Stelle von moralischen Verpflichtungen und Werten treten. Aufgrund des Mangels an langfristigen Plänen und des Untergangs der Ideologien steht in einer solchen Kultur das Individuum und seine kurzfristige Sicht der Ereignisse im Mittelpunkt. Während der Vergangenheit kaum Respekt gezollt wird, die jahrhundertelang die Hauptachse der menschlichen Gesellschaften darstellte, beruht die „Ent-traditionalisierung“ der Gesellschaft auf Echtzeitinformationen, virtuellen Realitäten und kontinuierlicher Veränderung.

Obwohl die in der UNIQA-Studie untersuchten Faktoren das Profil einer gegenwartsorientierten Gesellschaft zeichnen, die einige Charakteristika des postmodernen Modells aufweist (zum Beispiel schwaches ideologisches Engagement und das beinahe gänzliche Fehlen langfristiger Planung), wurden weder Zeichen für die De-Legitimisierung der Geschichte oder eines allgemeinen Überalterungsprozesses noch einer obsessiven Neuerungs-, Konsum- und Geschwindigkeitssucht festgestellt. Das allgemeine Bild der österreichischen Gesellschaft entspricht nicht dem Profil einer zersplitterten und zornigen Postmodernen. Die vorwiegende Ausrichtung von Individuen und Gesellschaft auf die Gegenwart, selbst wenn diese als post-revolutionär und vielleicht post-ethisch einzustufen ist, führt nicht zu einer Entfremdung und Vereinheitlichung des Verhaltens. Die Gesellschaft wird durch Ängste weder nivelliert noch geschwächt. Es scheint vielmehr, dass die Menschen, die die Fähigkeit zu träumen besitzen, in der Realität die Gestalter ihres persönlichen Lebens sein wollen. Sie stellen sich mit Bewusstheit den Problemen ihres Alltags und leben voller Optimismus innerhalb ihrer zeitlichen Dimensionen.

1 Zukunftserwartungen für unsere Gesellschaft

Nicht irgendwann, morgen schon geht es los!

In dieser Deutlichkeit hatte das kaum jemand erwartet: Wenn in Österreich von „Zukunft“ die Rede ist, dann wird darunter nicht ein ferner Zeitabschnitt verstanden, sondern, wie das UNIQA-Projekt zutage förderte: Fast zwei Drittel der ÖsterreicherInnen sehen den Beginn ihrer

Die Zukunft hat (fast) schon begonnen!

Frage 1: Denken Sie an Ihre ganz persönliche Zukunft. Ab wann würden Sie rein gefühlsmäßig von Zukunft sprechen?

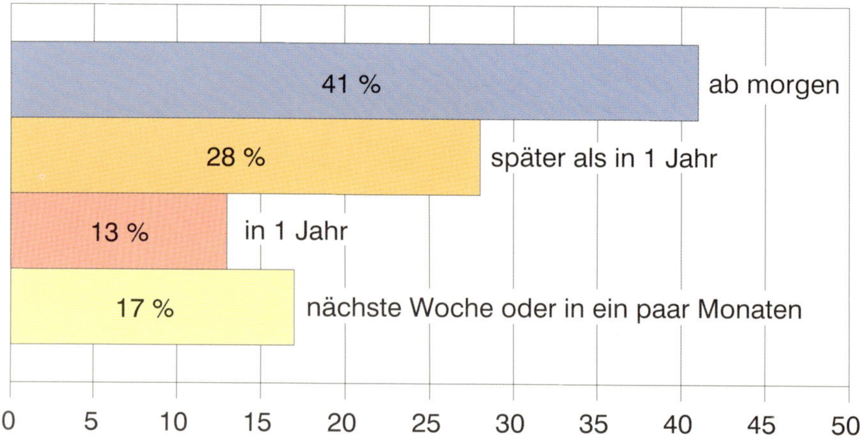

Angaben in %; Basis Gesamtbevölkerung N = 12.000

persönlichen Zukunft ganz greifbar nahe – morgen oder zumindest in den nächsten Wochen und Monaten.

Wann die Zukunft beginnt, hängt vom Alter ab

Frage 1: Denken Sie an Ihre ganz persönliche Zukunft.
Ab wann würden Sie rein gefühlsmäßig von Zukunft sprechen?

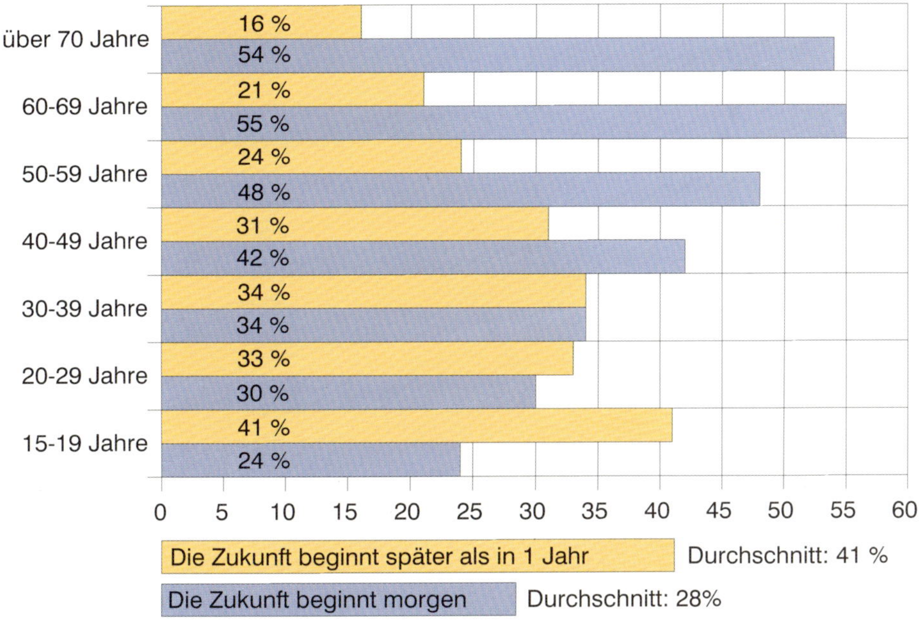

Angaben in %; Basis Gesamtbevölkerung N = 12.000

Bemerkenswert ist, dass die zeitliche Entfernung der persönlichen Zukunft vom jetzigen Leben sehr stark vom Alter abhängig ist: Je älter man ist, desto kurzfristiger, näher wird Zukunft erlebt – sie beginnt „morgen". Während indessen junge Leute, vor allem jene, die maximal 19 Jahre alt sind, „die Zukunft" gedanklich erst später „als in 1 Jahr" beginnen lassen.

Alle denken an die Zukunft

„Meine Stärken erkennen, um sie hilfreich für mich und andere einsetzen zu können" / „Zu mir selbst finden und wirklich mir meines Potentials, meine Zukunft zu gestalten, bewusst sein" / „Entfaltung meiner Talente"

Egal ob jung oder alt: Die ÖsterreicherInnen beschäftigen sich sehr intensiv mit der Zukunft, die ja als sehr „nah" empfunden wird. Über 40 % machen sich oft Gedanken über die persönliche Zukunft. Fast ebenso viele beschäftigen sich „manchmal" damit – nur 12 % denken selten an die eigene Zukunft.

Je jünger, desto aktiver die Auseinandersetzung mit der Zukunft – vor allem bei den 20–25-Jährigen. Ein wichtiges Alter also, wo es heißt, Weichen stellen, Hoffnungen und Möglichkeiten abwägen, sich selbst erkennen und sich seiner Wünsche und Bedürfnisse klar werden.

Die Zukunft weckt Hoffnungen

Die Zukunft weckt Hoffnungen

Frage 2: Wenn Sie über Zukunft nachdenken, woran denken Sie da?

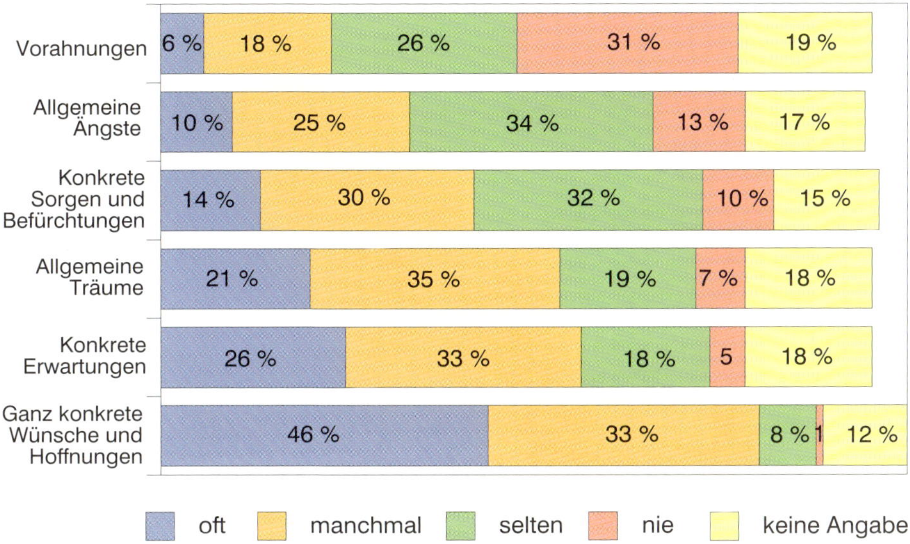

Angaben in %; Basis Gesamtbevölkerung N = 12.000

Erfreulich ist die Tatsache, dass die intensive Beschäftigung mit der Zukunft eine überwiegend optimistische Färbung aufweist.

Mehr als drei Viertel der ÖsterreicherInnen haben ganz konkrete Wünsche und Hoffnungen; Sorgen und Befürchtungen quälen uns hingegen weniger oft. Allgemeine Ängste und Vorahnungen befallen nur eine verschwindende Minderheit in regelmäßiger Form – und das gilt für Männer und Frauen aller Altersgruppen.

Auch die Kinderzeichnungen strahlen realistischen Optimismus und facettenreiche Zukunftshoffnungen aus.

Von den fast 1.300 eingesandten und von Kommunikationspsychologin Dr. Angelika Trachtenberg ausführlich analysierten Kinderzeichnungen zeigen nur 5 % negative Zukunftsvisionen und Ängste. Ein Drittel setzt

„Die Zukunftsaussichten für unsere Jugend verbessern" / „Dass die Kinder und Jugendlichen ohne Drogen aufwachsen können" / „Dass die Kinder von morgen auch eine grüne Wiese und sauberes Wasser haben" / „Dass unsere Kinder den jetzigen Lebensstandard so weiterführen können"

sich kritisch, sehr realistisch und teilweise besorgt mit der Natur, der Umwelt und dem Zukunftsbegriff generell auseinander.

Und wie sehen die Erwachsenen die Zukunft ihrer Kinder? – weniger optimistisch

Die Österreicher sind zwar Optimisten, machen sich aber doch Sorgen um die Zukunft der Kinder.

Dies dokumentiert die Studie in auffälliger Form. Im Klartext: Wenn sich die Österreicher auf einer Skala von 1 bis 10 in einer Optimismus-Pessimismus-Achse positionieren, so sehen sie sich selbst – entgegen manchen Erwartungen – meist als Opti-

misten. Und dies, obwohl sie nicht daran glauben, dass die „Verhältnisse auf der Erde alles in allem gesehen immer besser werden".

In einer Welt, von der man glaubt, dass sie zusehends schwieriger zu bewältigen wird, bewahrt man für sich selbst Optimismus.

Denkt man an die Zukunft seiner Kinder, so wird man doch deutlich pessimistischer – und zwar unabhängig davon, wann die Zukunft der Kinder bzw. künftigen Kinder beginnt.

Das heißt konkret: Die mittelfristige Perspektive des eigenen Lebens scheint bewältigbar; weniger Optimismus hegt man für die Zukunft der Kinder. Interessant auch eine Spezialauswertung dieser Einstellungen für die einzelnen Bundesländer. Frau Dr. Fastl vom Fessel-Gfk-Institut kommt dabei zu folgenden Resultaten: Vorarlberger, Tiroler und auch Oberöster-

Die Österreicher sind Optimisten, machen sich aber Sorgen um die Zukunft der Kinder

Frage 20: Sind Sie eher pessimistisch oder eher optimistisch?
Frage 21: Und wenn Sie an die Zukunft unserer Kinder denken, sind Sie da eher pessimistisch oder eher optimistisch?

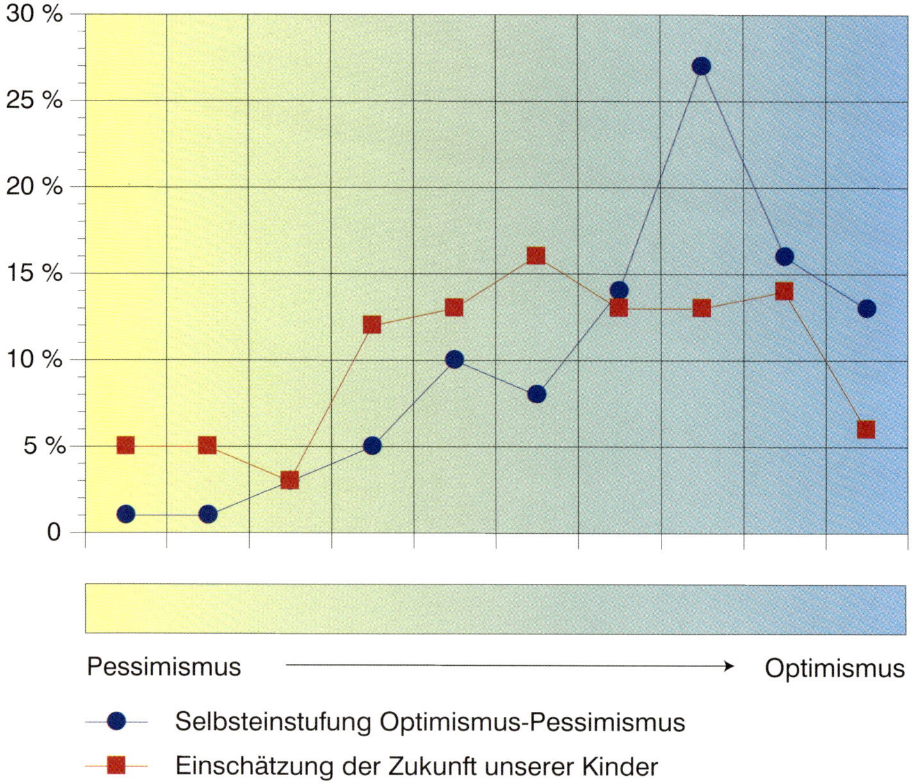

Angaben in %; Basis Gesamtbevölkerung N = 12.000

reicher sind optimistischer in Bezug auf ihr eigenes Leben; Wiener und auch Niederösterreicher hingegen etwas pessimistischer.

Die „Internet-User" (also jene Personen, die den Fragebogen via Internet beantwortet haben) weisen hier Besonderheiten auf: Sie sind sowohl für ihr eigenes Leben als auch für das ihrer Kinder deutlich optimistischer als die Österreicher im Durchschnitt. Auf die Antworten, die über den Daten-Highway kamen, wird ab Seite 115 noch näher eingegangen.

Die Grundhaltung zum eigenen Leben wird auch vom vorhandenen Ausmaß, selbst über sein Leben bestimmen zu können, beeinflusst: Leitende Angestellte und Beamte, aber auch Selbständige sehen sich selbst tendenziell optimistischer.
Eine optimistische Grundhaltung für das eigene Leben geht einher mit einem stärkeren Glauben an die Möglichkeit, die eigene Zukunft selbst bestimmen zu können. Der gezeigte Optimismus äußert sich auch darin, dass 80 % der ÖsterreicherInnen Neugierde und Interesse an dem, „was in Zukunft noch alles entdeckt und erfunden werden wird" bekunden.

Über die Gegenwart wird geredet, an die Zukunft wird gedacht

Wenden wir uns noch einmal der Gegenwartsorientierung der ÖsterreicherInnen zu: 61 % bezeichnen sich ausdrücklich als „gegenwartsorientiert", nur 25 % als vergangenheitsorientiert. (siehe Grafik Seite 36)

Nicht erwartet werden viele folgendes Ergebnis dieser Studie haben: Die Mehrheit der ÖsterreicherInnen möchte in der Gegenwart leben, ein Fünftel würde die Vergangenheit bevorzugen, ebenso viele die Zukunft.
Es zeigt sich allerdings ein sehr interessantes Phänomen. Obwohl die meisten ÖsterreicherInnen selbst mit der Gegenwart ausgezeichnet zu

Die Österreicher sind gegenwartsorientiert

Index gebildet aus Frage 8 (Zeitorientierung)

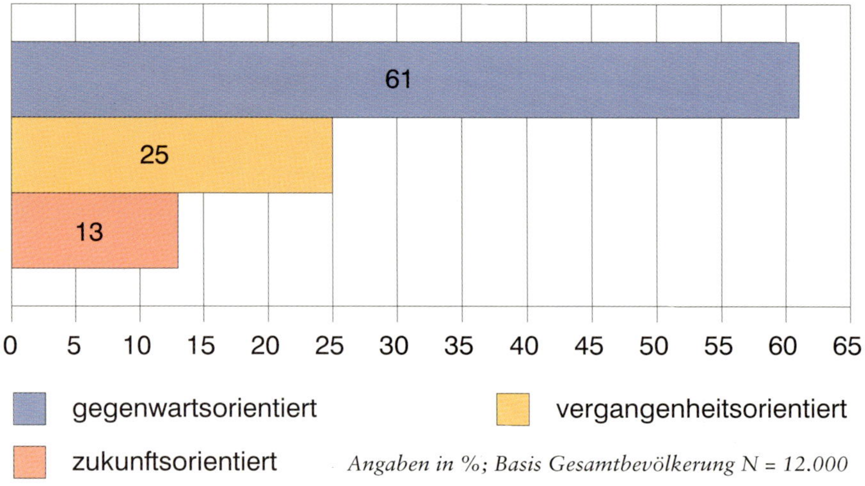

Angaben in %; Basis Gesamtbevölkerung N = 12.000

Rande kommen und ihr attestieren, „die beste Zeit des Lebens zu sein", glaubt immerhin jeder zweite Österreicher, daß „die anderen" die Vergangenheit bevorzugen würden. (siehe Grafik Seite 37)

Auch wenn die ÖsterreicherInnen deutlich an der Gegenwart orientiert und mit ihrem derzeitigen Leben zufrieden sind, beschäftigen sich Tagträume doch sehr stark mit der Zukunft: 42 % der ÖsterreicherInnen siedeln ihre Tagträume in der nahen Zukunft an.
Jüngere Menschen (Altersgruppe bis 29 Jahre) träumen sich sogar zu 60 % in die Zukunft.

Erst bei den über 60-Jährigen wird die Vergangenheit deutlicher als in anderen Altersgruppen zum Schauplatz ihrer Tagträume: Immerhin ein Viertel (bei den über 70-Jährigen ein Drittel) träumt über die Vergangenheit.

Die Zukunft lädt zum Tagträumen ein

Frage 8: Wenn ich Tagträume habe, so spielen die fast immer …

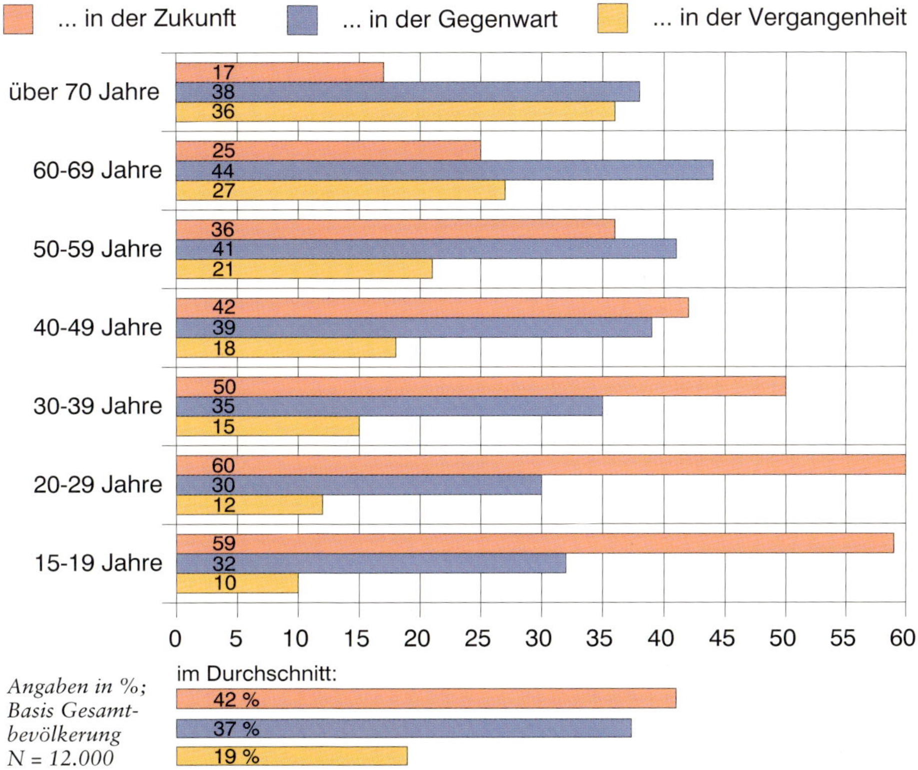

Angaben in %; Basis Gesamtbevölkerung N = 12.000

Die schönsten Lebensjahre liegen in der Lebensmitte

Ehe diese Umfrage gestartet wurde, hätten die meisten Experten darauf getippt, dass die ÖsterreicherInnen die eigene Jugend positiv verklärt in Erinnerung haben.

Auch hier verblüfften die Antworten auf den 65.000 Fragebögen: Es gibt kein Votum für „die goldene Kindheit"!

Gefragt nach den besten Jahren des Lebens wählt man vorwiegend die mittleren Jahre zwischen 20 und 40 Jahren.

Bemerkenswert: Die verschiedenen Altersgruppen werten jeweils die eigene Altersgruppe im Vergleich zu anderen auf – ein weiteres Indiz nicht nur für die starke Gegenwartsorientierung, sondern vor allem auch für die Zufriedenheit mit dem gegenwärtigen Leben.

Die schönsten Lebensjahre liegen in der Lebensmitte

Frage 9: Welche Jahre sind Ihrer Meinung nach die schönsten des Lebens?

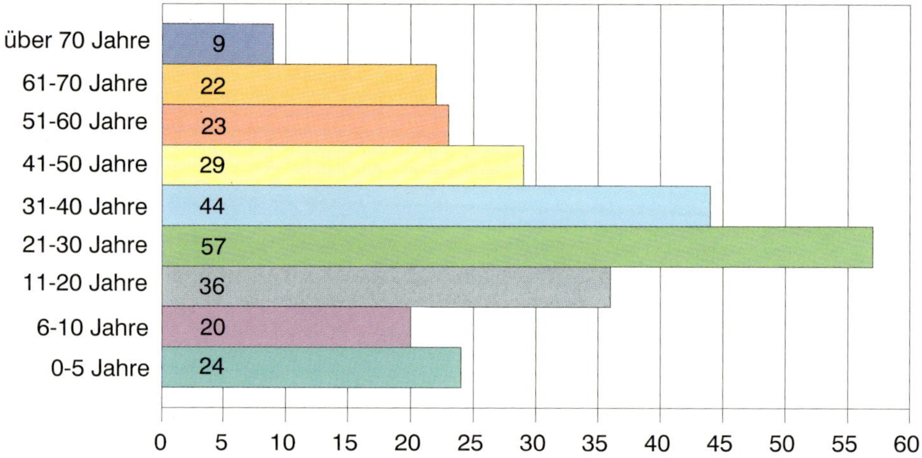

Angaben in %; Basis Gesamtbevölkerung N = 12.000

Kommunikationsformen über die Zeit

Über die Gegenwart wird gesprochen. Das Hier und Jetzt ist der präferierte Lebenszeitraum.

Nur wenn es um „Geschichten" geht, die erzählt werden, dominiert der Blick zurück: 61 % der ÖsterreicherInnen hören am liebsten Geschichten aus der Vergangenheit, nur 23 % bevorzugen solche aus der Gegenwart und nur 15 (!) % sind an Geschichten über die Zukunft interessiert.

Filme werden geschätzt als das Medium der Gegenwart oder auch als die Inszenierung, das Lebendigmachen der Vergangenheit. An Zukunftsfilmen sind nur 18 % der ÖsterreicherInnen interessiert – es sind vor allem die jüngeren Männer bis 30 Jahre.

Geschichten aus der Vergangenheit sind die besten – Über die Gegenwart wird geredet, an die Zukunft gedacht

Frage 8: Die Bedeutung der Vergangenheit, Gegenwart und Zukunft

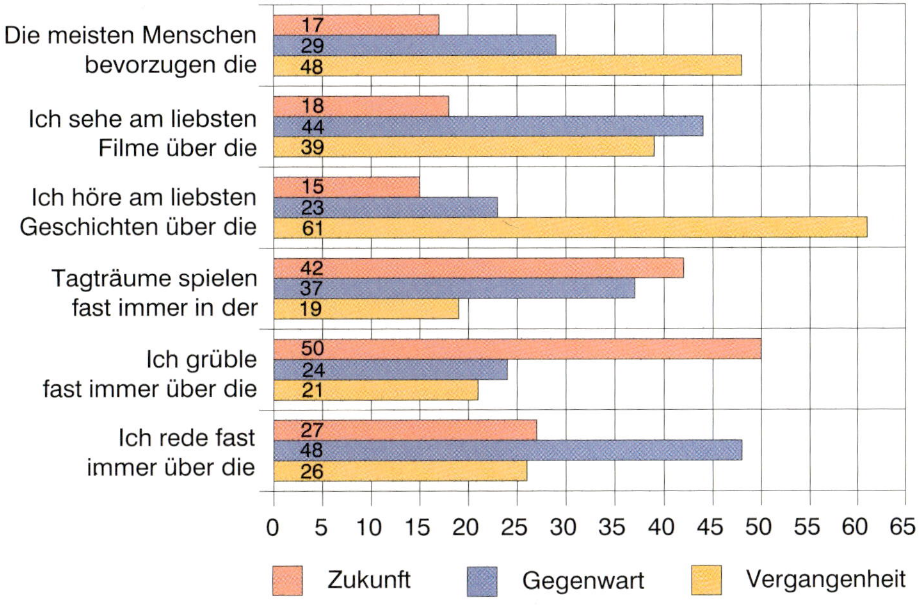

Angaben in %; Basis Gesamtbevölkerung N = 12.000

Welche Hoffnungen und Wünsche haben die ÖsterreicherInnen für die Zukunft? Welche persönlichen Ziele haben sie sich vorgenommen?

2 Lebensqualität braucht Zeit

Gertrud Höhler
ist Bestsellerautorin, Beraterin von Wirtschaft und Politik sowie Trendforscherin

Dieser wunderbare Widerspruch begleitet uns seit Jahrzehnten: „Wünsche und Hoffnungen" halten den Löwenanteil in der persönlichen Zukunft. Was die andern machen, erfüllt uns da eher mit Sorge: die Politiker, die Staatschefs, die Europäer in Brüssel – und die Regimes weltweit. Aber darauf trauen wir uns auch wenig Einfluss zu.

Dass wir trotzdem unser eigenes Schicksal so hoffnungsvoll durch das globalisierte Weltmeer der Bedrohungen lenken, zeugt von großem Selbstvertrauen. Es ist genau der Stoff, aus dem die Innovationskraft der Kultur entspringt.

Materialisten sind sie auch nur noch zum Teil, die Österreicher: Gesundheit ist das höchste Gut, und das starke Ego des Einzelnen legt sich Lebensziele zurecht, in denen die Familie zwar einen guten Rang, aber keineswegs einen Spitzenrang hat: Ich zuerst, sagt der selbstbewusste Zeitgenosse. Fragt man weiter, so kommt lachend und unbekümmert: Na, wenn's mir gutgeht, bin ich doch ein angenehmer Partner für die andern – oder? Dass man viel tun könne für das höchste Gut, glauben immer noch wenige; trotz immer mehr Gesundheitswissen möchten nur 11 % der Österreicher für die Gesundheit Verzicht leisten auf Genüsse, sich systematisch trainieren.

Das ist ein durchlaufender Zug in den Zukunftserwartungen der Österreicher: wohin sie wollen, das wissen sie genau. Wie man hinkommt, interessiert weniger. Keine steinigen Wege, bitte. Ein bisschen weiterlernen, okay, aber viel reisen auf jeden Fall, und genussfähig bleiben: Hier schwingt eine Ahnung mit, dass es neben den Höhen auch Tiefen gibt, und dass beides miteinander zu tun hat. Die europäische Jugend experimentiert in diesen Jahren auf diesem Feld, weil sie erfährt: Das Glück ist rar, und manchmal findet man es auf dem Umweg über den Schmerz. Das Dilemma der reichen Länder wird hier sichtbar: Die Risikobereitschaft auf dem Weg zum persönlichen Glück führt auch auf Abwege, in die Drogenszene.

Und es wird tapfer gegen die globalen Trends geträumt. Eine Arbeit, die mich lange braucht, wollen viele, und Abwehr meldet sich gegen die neue Berufsunruhe. Da steht eben nicht: möglichst viele Arbeitsplätze in meinem Leben, möglichst viel Mobilität. Mobil sein möchten wir nur privat. Beruflich soll Verlässlichkeit herrschen.

Der Appetit auf Sicherheit wächst mit den Sicherheitsgarantien. Hier ist kein Ende abzusehen. Wie aber die Sicherheitspakete aussehen, wie die Vertrauensbündnisse bebildert und getextet werden müssen, das verlangt die höchste Sensibilität.

Der alte Satz „Den Kindern wird es einmal besser gehen“ gilt nicht mehr. Dass es gelingen könnte, so vorzusorgen, glauben immer weniger Menschen in Österreich. Für meine eigene Lebensspanne bin ich optimistisch, sagen die meisten – aber für meine Kinder sieht es doch deutlich schlechter aus.

Nur die Pioniere der Zukunft, die Surfer auf den Weltmeeren des Internet, sehen das lockerer: Sie werden's schon schaffen, diese Kids von heute, meinen sie. Das heißt immerhin: Wer die Zukunftstechnologien aktiv in sein Leben aufnimmt, sieht die Zukunft nicht mehr düster – einfach weil er tiefer hineinschaut als alle, die in Deckung gehen. Darin steckt ein deutlicher Hinweis auf eine vergessene Binsenweisheit: Wissen bannt Angst.

Und glücklicherweise fühlen die meisten Österreicher sich wohl in der Gegenwart – wenn auch die Geschichten aus der Vergangenheit mächtiger und präsenter sind als die Ideen für die Zukunft. Tagträume führen zwar in die Zukunft, aber die lebhaftesten Visionen laufen in den Köpfen der Internetfans – alle andern warten eher ab. Die Zukunft muss sich herankämpfen, die meisten öffnen die Tür nur einen Spalt. Grundgefühl: Sie kommt sowieso. Die Bindung ans Heute ist stark, wenn es den Menschen gut geht; Verlustangst lauert überall, wo Veränderungen sich ankündigen. So steckt in der guten Botschaft – die Menschen mögen ihr Lebensklima – immer auch die schlechte: Sie sind nicht sehr innovationsfreudig. Wer sie bewegen will, muss viel von ihnen wissen und ihnen gut zureden.

Dabei ist der persönliche Zukunftsentwurf der beste Startplatz. „Bunt“ erscheint sie immerhin einem Viertel der Österreicher, das heißt gescheckt, gesprenkelt, voller Möglichkeiten. Dicht dahinter die Farbe des Universums: Blau, und das Grün der Urwälder und der Hoffnung. Diese Farbwahl – bunt, blau, grün – bringt immerhin 68 % der Österreicher zusammen. Da ist kein wildes Rot, kein düsteres Schwarz zu sehen, und auch die rosarote Brille setzen nur 5 % auf. Es geht nicht um Farbenpsychologie, wenn wir diese Antworten verstehen wollen, sondern darum, dass die Herausforderung in der Vielfalt – „bunt“ soll das Leben sein – gesucht wird, und dass, in Österreich, jene Farben als Quelle von Wohlbefinden gefühlt werden, die Wiesen, Felder und Himmel ausmachen. Nicht irgendwelche Gurus, sondern die Evolutionsbiologen können uns dazu sagen, dass diese Farben für das menschliche Auge und das menschliche Gehirn tatsächlich die wohltuendsten sind –

immerhin jene Farben, die unsere Energiequellen, die Sonne und das bedrohte Reservoir der tropischen Regenwälder, umgeben.

Da wir noch immer zutreffend fühlen, was uns guttut. Wir haben für Korrekturen an unserem Konsumverhalten gegenüber diesen Reserven nur wenig Zeit. Keiner, der diese Sätze noch nicht gehört hätte. Keiner, der sie nicht unterschreiben möchte. Da verblüfft dann erneut der schon bekannte Widerspruch: Es eilt, aber doch nicht bei mir persönlich.

Der Umgang mit Zeit ist halbherzig bis nachlässig, so erfahren wir. Zwischen lauter vernünftigen, geradlinigen Antworten über das Alltagsleben, die Computer, die uns nicht knechten sollen, die Eltern, die mehr Zeit für ihre Kinder haben sollten, knallen diese ehrlichen Antworten: Zeitplanung sei wohl wichtig, aber eigentlich misslinge sie täglich. Zeitdruck ist unerwünscht – aber die meisten geben unbewusst zu, dass sie ihn selbst produzieren, weil sie der „Zwangsjacke Zeit" entkommen wollen.

Und doch wissen alle Bescheid! „Lebensqualität braucht Zeit", sagen zwei Drittel der Befragten. Wenn sie von ihrer Regelungsangst berichten, dann verraten die Menschen uns also, dass sie Stress haben, weil ihre Zeit nur zum geringen Teil ihnen selbst gehört. Stress ist Kontrollverlust, und nur der führt zu dieser Weigerung, die Kostbarkeit der Zeit durch sorgsamen Umgang mit ihr zu würdigen.

Wer Sicherheit verspricht – wie es Versicherungen tun –, der bewegt sich genau auf diesem Feld: Er verspricht Zeit, die nicht durch Verlustangst und Stress aus dem Takt gerät. Erfüllte Zeit – daran haben wir Mangel, sagen die Menschen. Eine große Herausforderung für alle, die das Leben der Menschen nicht nur sicherer, sondern glücklicher machen wollen.

2 Persönliche Erwartungen an die Lebensqualität

Gesundheit, Lebensfreude und glückliche Partnerschaft

Bei den Wünschen der ÖsterreicherInnen steht einer unangefochten an der Spitze: Man wünscht sich Gesundheit für sich selbst und, soweit vorhanden, auch für die eigene Familie.
Wie dominant dieser Wunsch ist, drückt eine einzige Zahl aus: 6 von 10 Österreichern führen Gesundheit als wichtigstes Anliegen für die Zukunft explizit an.

Die ÖsterreicherInnen wollen gesund bleiben – aber tun sie auch genug dafür?

So unbestritten diese Top-Position für den Wunsch „Gesundheit" auch ist, so sehr halten sich allerdings die Bemühungen der ÖsterreicherInnen in Grenzen, auch konkret etwas dafür zu tun. Da bei dieser UNIQA-Studie neben den Wünschen auch die konkreten Ziele für das nächste Jahr abgefragt wurden, gestalteten sich die Anworten sehr aufschlussreich. Wohl hat ein Viertel der Einsender Vorhaben in Richtung Verbesserung der Gesundheit genannt: Man denkt daran abzuspecken, plant einen Kuraufenthalt, möchte das Rauchen einschränken, gesünder essen, mehr Sport betreiben und ähnliches mehr.

Aus eigener Sicht gesundheitsbewusst lebt allerdings nur jeder zweite Österreicher. Dennoch hoffen alle, bis ins hohe Alter fit zu bleiben.

Etwa die Hälfte der Menschen über 70 Jahre hat diesen Plan aus ihrer Sicht verwirklicht und fühlt sich fit.

Aber: Nur 11 % der Gesamtbevölkerung in Österreich nehmen sich bereits für das nächste Jahr vor, wirklich aktiv etwas für die eigene Gesundheit zu tun. Hier klaffen Wunsch und Wirklichkeit besonders weit auseinander.

Gesundheit ist am wichtigsten

Frage 4/18: Welche Hoffnungen und Wünsche haben Sie für die Zukunft?
Welche persönlichen Ziele haben Sie sich für das Jahr 2000 vorgenommen?

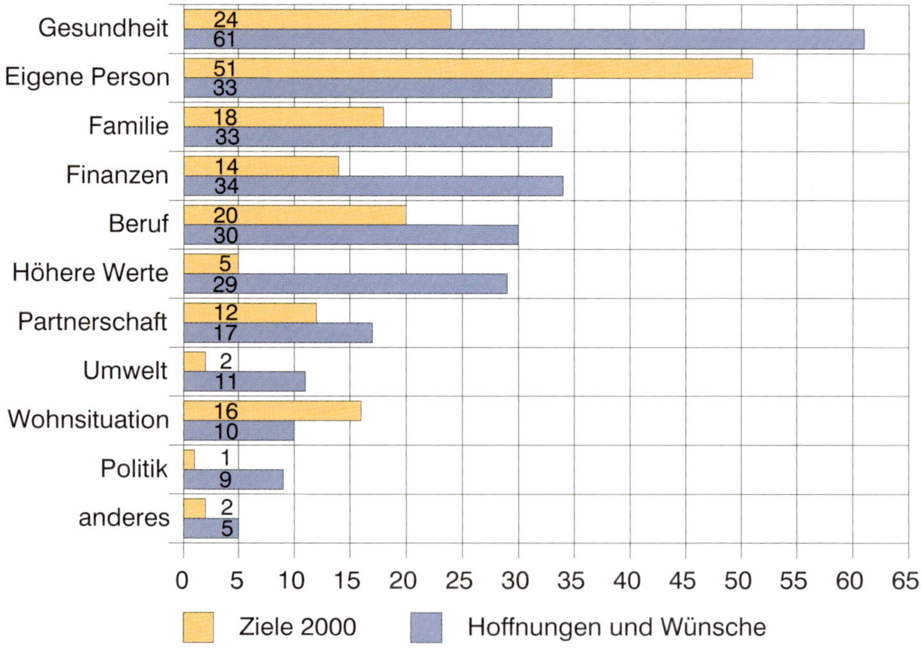

Angaben in %; Basis Gesamtbevölkerung N = 12.000; Spontanantworten – Kategorisierung durch das Institut

Das persönliche Glück: Sich entspannen und sich weiterbilden

In unserer Gesellschaft sind die eigene Person – sprich Persönlichkeit – und die Beschäftigung mit dem eigenen Befinden integrativer Bestandteil künftiger Vorhaben.
Ein Drittel der ÖsterreicherInnen wünscht sich vor allem mehr Zeit, mehr Besinnung auf die eigene Person: Sorgenfreiheit, Spaß und Ausgeglichenheit, weniger Stress, ein bewussteres Leben, mehr Zeit für Hobbys und persönliche Weiterbildung, Zeit für Reisen, wo man auch etwas „erleben" kann, und schließlich und endlich will man über all diese Wege vermehrt „zu sich selbst finden / mich selber so zu spüren und zu erleben, dass ich das, was ich bin, an andere weitergebe / mein wahres Ich erkennen / die Kraft zu finden für einen radikalen Schritt in Richtung Freiheit / ich möchte unternehmungslustiger und spontaner werden".

Die Hitparade der Wünsche

Die Ausrichtung der persönlichen Wünsche auf die eigene Person ist ausgeprägt gegenwartsbezogen. Die Hälfte der ÖsterreicherInnen denkt bei den Vorhaben für das nächste Jahr auch an Pläne für sich selbst. Dominant sind dabei „Urlaub und Reisen" (20 %), gefolgt von den Zielen „Aus- und Weiterbildung" sowie sportliche Aktivitäten und einfach mehr Spaß und weniger Sorgen haben. (siehe Grafik Seite 48)

Den Lebensstandard halten

Auch dies bestätigt die mehrheitliche Zufriedenheit mit der Gegenwart. Den erreichten Lebensstandard auch weiterhin halten, sei es jener, den die Eltern vorbereitet haben – „ich wünsche mir, daß meine Eltern nicht pleite machen" – oder auch jener, für den man selbst das Arbeitsleben lang gearbeitet hat: „mein geschaffenes Kapital im Ruhestand genießen".

Das persönliche Glück: sich entspannen und sich weiterbilden

Wünsche/Hoffnungen
Eigene Person 33 %

- Glück, Zufriedenheit, Sorgenfreiheit
- Reisen, Urlaub, Mobilität
- Selbstverwirklichung
- Aus- und Weiterbildung, Neues kennenlernen

„Reise nach Ghana, Philippinen" / „Friede im eigenen Herzen" / „Nein sagen können" / „Einfach das Leben mit allen Höhen und Tiefen genießen"

Persönliche Ziele für das Jahr 2000
Eigene Person 51 %

- Reisen, Urlaub
- Aus- und Weiterbildung
- Spaß, Genuss, Sorgenfreiheit
- Sportliche Aktivitäten
- Selbstverwirklichung
- Entspannung, Ruhe, weniger Arbeit

„Ich will die Freuden und Herausforderungen des Alltags dankbar annehmen" / „Die Ziviltechnikerprüfung ablegen" / „Mehr tun für die Schule – besseres Zeugnis, bessere Stellung in der Klassengemeinschaft" / „Theater spielen"

Den Lebensstandard halten

Wünsche/Hoffnungen
Finanzen 34 %

- Genug Geld, sichere Existenz, Sorgenfreiheit, Standard halten, finanzielle Stabilität
- finanziell vorsorgen, Altersvorsorge
- Verbesserung, gutes Einkommen, viel Geld, Wohlstand

„Dass der Lebensstandard einigermaßen zu halten ist“ / „Einen finanziell gesicherten Lebensabend“ / „Eine Ferienwohnung in Gran Canaria kaufen“

Persönliche Ziele für das Jahr 2000
Finanzen 14 %

- Genug Geld, sichere Existenz, Sorgenfreiheit, finanzielle Vorsorge, Schulden zurückzahlen
- Besitz anschaffen, Wohlstand

„Finanzielle Situation stabilisieren“ / „Ein neues Auto kaufen“ / „Alle Schulden zurückzahlen und in Pension gehen“

Wie wir an vielen Stellen der Untersuchung erkennen können, findet ein ganz starker emotionaler Werteshift in Richtung Ethik und Menschlichkeit statt: „Weniger Gier und Machtstreben / Die Wirtschaft soll weniger Macht haben / Die Menschen sollen wieder Bescheidenheit und Freude an Schönheit lernen / Mehr Respekt vor dem Individuum“.

Ethische Werte für die Gesellschaft

Die eigene Person und der engste Familienkreis bestimmen zwar sehr stark die gedankliche Auseinandersetzung mit der Zukunft, dennoch werden auch die Wünsche für die „Gesellschaft" formuliert. Wohl nicht zuletzt durch die kriegerischen Auseinandersetzungen in nächster Nachbarschaft aktualisiert, wird der Wunsch nach Friede und Gewaltlosigkeit von jedem vierten explizit als persönlicher Wunsch an die Zukunft angesprochen. Gegenseitige Akzeptanz, Harmonie im Zusammenleben verschiedener Kulturen und die Bereitschaft, sich gegenseitig zu helfen, soll eine friedlichere Welt schaffen.

Den Frieden auf der Welt sichern

„Ich will, dass die Gerechtigkeit die Oberhand behält und dass den Menschen der Sinn für das Wesentliche nicht verloren geht". So lautet einer der schriftlich festgehaltenen Wünsche im Rahmen der Umfrage. Oder: „Wir brauchen mehr Solidarität in der Familie, in der Gemeinde bis zur Welt hin." Auf einem anderen Fragebogen wiederum steht: „Ich will lernen, Dinge zu ändern, die ich ändern kann, Dinge zu belassen, die ich nicht ändern kann, und hätte gerne die Weisheit, beides voneinander unterscheiden zu können."

Viel direkter drücken da die Kinder in ihren Zeichnungen die Sehnsucht nach einer Welt aus, die ohne Krieg auszukommen vermag. Die Themen Friede und Geborgenheit kommen immer wieder zum Vorschein, sie halten es, viel eher als die Erwachsenen, für möglich, dass es ein friedvolles Miteinander, über alle Trennlinien hinweg, geben kann.

Den Frieden auf der Welt sichern!

Wünsche/Hoffnungen

Höhere Werte 29 %

- Friede auf der Welt
- Harmonie, Akzeptanz
- Gleichberechtigung, Gerechtigkeit, Zufriedenheit für alle

„Mehr Solidarität in der Familie, Gemeinde bis zur Welt hin“ / „Akzeptanz, Mitgefühl, Verständnis entwickeln, für einander da sein“ / „Gleichwertige Bezahlung gegenüber Männern“

Persönliche Ziele für das Jahr 2000

Höhere Werte 5 %

- Helfen, selbst helfen, Hilfsbereitschaft
- Friede auf der Welt

„Wo immer es geht, für die Umwelt und den Schwächeren eintreten“ / „Solidarität weiter praktizieren“ / „Lebensfreude tanken und weiterschenken“

Das Lebensgefühl der Österreicher – sonnig bis bewölkt

Gefragt nach dem individuellen Stimmungsbarometer für die Vergangenheit, die Gegenwart und die Zukunft bestätigt sich wieder die große Zufriedenheit mit dem derzeitigen, aber auch dem bisherigen Leben. Diese Frage wurde so abgetestet, dass für die jeweilige Einschätzung ein dazu passendes Gesicht ausgewählt werden konnte. Ein „Smiley" für die schönste Periode bzw. ein „Trauer-Face" im Falle einer negativen Beurteilung.

Um es gleich vorwegzunehmen: Hier hat der „Smiley" eindeutig gewonnen.

Es mag viele Berufspessimisten überraschen, aber der optimistische Grundton der österreichischen Bevölkerung ist eindeutig!

Freilich, legt man sehr strenge Maßstäbe an, so könnte man sagen: Die ÖsterreicherInnen sind zufrieden, aber da ist etwas, was noch besser sein könnte: Nur rund ein Fünftel sieht sich vollkommen zufrieden, die große Mehrheit meint, sie sei „eher zufrieden“ bzw. „es geht“: Das Lebensgefühl der ÖsterreicherInnen reicht von sonnig bis bewölkt.

Das Lebensgefühl der Österreicher – gestern, heute, morgen – sonnig bis bewölkt

Frage 5–7: Welches Gesicht entspricht am ehesten Ihrem derzeitigen Leben; der Zeit, die bereits hinter Ihnen liegt (der Vergangenheit); was erwarten Sie sich von der Zukunft (z. B. in 10 Jahren)

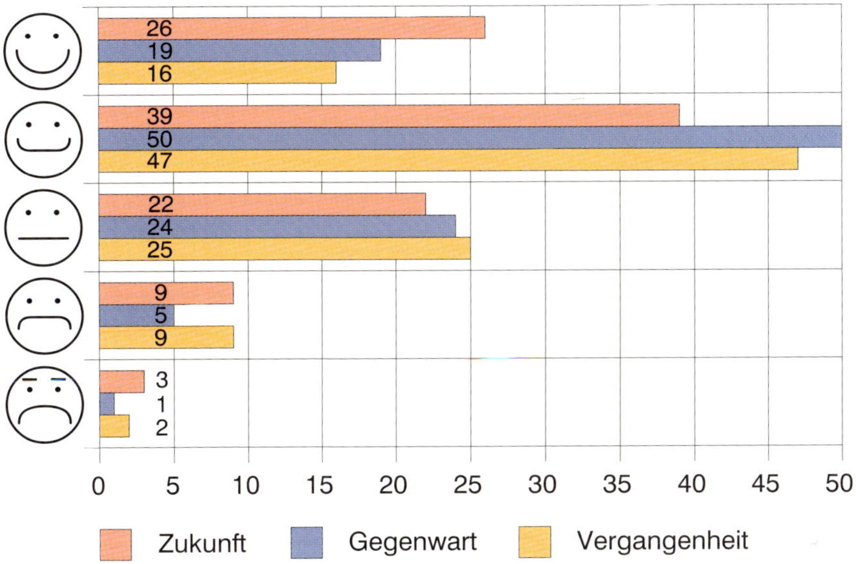

Angaben in %; Basis Gesamtbevölkerung N = 12.000

Die beste Zeit ist die Gegenwart

Geradezu sensationell ist auch das Faktum, wie gegenwartsorientiert die ÖsterreicherInnen sind.

Auf die Frage, welche Zeit denn die beste sei – die Vergangenheit, die Gegenwart oder die Zukunft –, votierten 72 (!) % für die Gegenwart. Auch in Fachkreisen hätte kaum jemand mit dieser Antwort gerechnet.

Und auch wenn es darum geht, in welcher Zeit die ÖsterreicherInnen am liebsten leben wollen, schneidet die Gegenwart mit dominanten 62 % mit Abstand am besten ab. In der Vergangenheit wollten lieber nur 20 % leben, in der Zukunft gar nur 16 %.
Ein ähnliches Bild ergibt sich bei der Frage nach der „besten Zeit meines Lebens“: Auch hier wurde die Gegenwart am häufigsten genannt (56 %).

Die beste Zeit ist die Gegenwart

Frage 8: Die Bedeutung der Vergangenheit, Gegenwart und Zukunft

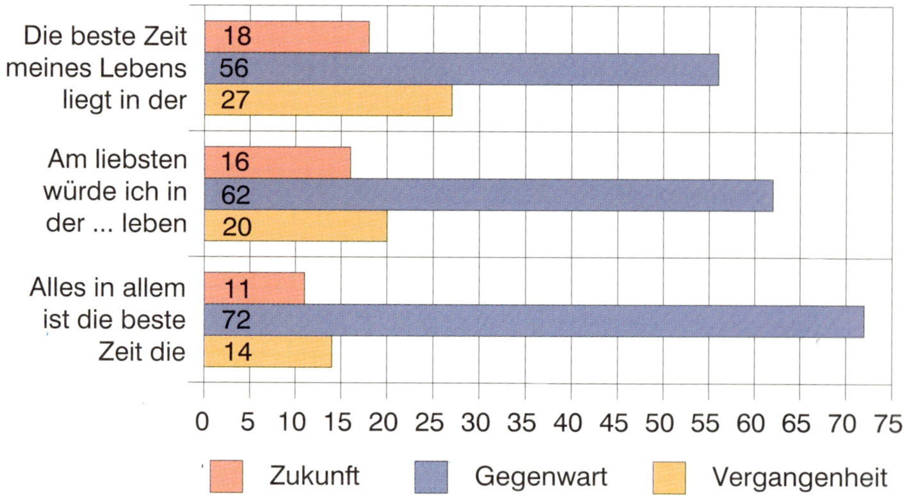

Angaben in %; Basis Gesamtbevölkerung N = 12.000

Wie planen Österreicher ihre Zukunft?

Keine Hast ist angesagt, wenn es um die Verwirklichung von angestrebten Zielen geht. 32 % der Befragten rechnen dabei in einer Zeitspanne von mehr als 1 Jahr, 31 % „in einigen Monaten“ und 26 % in „einigen Wochen“.
Aber immerhin: Mehr als drei Viertel der ÖsterreicherInnen beschäftigen sich mit Plänen, die noch innerhalb der nächsten Jahresspanne lie-

gen. Obwohl Jugendliche und junge Erwachsene einen etwas weiteren Planungshorizont haben, beschäftigen sich auch die Pläne der Jüngeren mehrheitlich mit dem nächsten Jahr.

Fast alle Pläne sind verwirklicht

Verblüffend die Antworten auf die Frage „Welche der folgenden Pläne haben Sie in Ihrem Leben schon verwirklicht, welche planen Sie noch und welche kommen in Ihrem Lebensplan nicht vor?"
Der Großteil der vorgegebenen Pläne konnte von vielen bereits verwirklicht werden, wie die Grafik auf Seite 56 zeigt. „Freunde haben / Wohnung oder Haus besitzen / eigene Familie / etwas Eigenes schaffen / einen Platz im Leben haben" – die Säulen der Lebensqualität, die von fast zwei Drittel der Befragten in der Lebensplanung bereits abgehakt sind. Überrraschend: Man meint auch, bereits genügend Beitrag zum Umweltschutz zu leisten bzw. anderen Menschen zu helfen.
Die orangen Balken der Grafik zeigen die Planung. Es führt der Wunsch „bis ins hohe Alter fit bleiben" – ein Thema, das sehr viele Österreicher beschäftigt und an verschiedensten Stellen der Befragung immer wieder als wichtigstes Zukunftsziel auftaucht. „Lange fit und schön bleiben / der Traum von der ewigen Jugend / Altern in Würde".
Im Kontrast zu diesem doch sehr prägnanten Ziel fällt „gesundheitsbewusst leben" doch deutlich ab. Nur die Hälfte hat es bisher verwirklicht, bei den Älteren sind es immerhin zwei Drittel.

Die Welt kennenlernen, sich persönlich weiterbilden

Wichtige Zukunftspläne besonders für die jüngeren Österreicher. In unserer „Freizeitgesellschaft" ist die ideale Gestaltung der Freizeit ein wichtiger Wert. Immerhin die Hälfte meint, sie hat dies bereits verwirklicht, für die andere ist es ein aktiver Faktor der Zukunftsplanung. Auch in den Kinderzeichnungen spiegelt sich das Thema „Urlaub/Freizeit",

Fast alle Pläne sind verwirklicht

Frage 10: Welche der folgenden Pläne haben Sie in Ihrem Leben schon verwirklicht, welche planen Sie noch und welche kommen in Ihrem Lebensplan nicht vor?

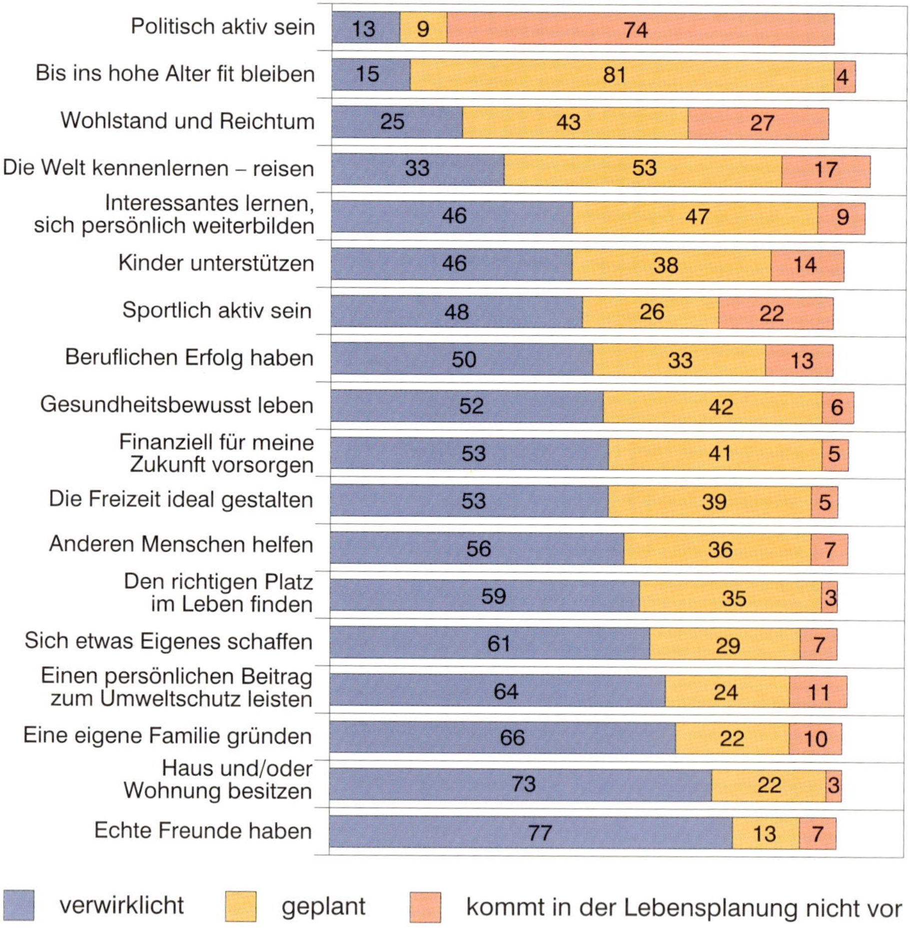

Angaben in %; Basis Gesamtbevölkerung N = 12.000

allerdings nur in einem kleineren Teil, wider. Freizeit ist für Kinder nicht Zukunftsplanung, sondern Gegenwart.

Die Pläne der Jugend

Beruhigend. Von geplanter Leistungsverweigerung seitens der Jugend kann in Österreich keine Rede sein. Wohlstand und Reichtum ist für die Mehrheit der 16 bis 30-Jährigen ein Planungsfaktor. Damit sehr eng verknüpft: Beruflicher Erfolg, der vor allem für unter 25-Jährige ein wichtiges Zukunftsziel ist.

„Ich will mich auf die Schule konzentrieren und die Matura bestehen" / „Mich im Studium bewähren" / „Im Beruf viel lernen und engagiert arbeiten" / „Finanziell und materiell abgesichert sein, resultierend aus einem interessanten Beruf"

Die persönliche Zukunft ist bunt

Versuchen Sie, sich Ihre persönliche Zukunft in einer Farbe vorzustellen. Welche Farbe kommt Ihnen zuerst in den Sinn? Dieser Farbtest enthüllt viel über die Seele der Österreicher. Denn so mannigfaltig wie die Wünsche und Pläne für die Zukunft sind, so bunt wird die Zukunft auch wahrgenommen.

Auch Professor Höhler reflektiert im Beitrag am Beginn dieses Kapitels die Tatsache, dass 68 % der Österreicher bunt, blau und grün als Zukunftsfarbe wählen. Was bedeuten diese Farben? Vielfalt, Facettenreichtum, sich Möglichkeiten offenhalten, kein eintöniges Leben, Freude und nicht Depression, Optimismus und nicht Pessimismus, Naturverbundenheit – die Farbe des Himmels, die Farbe der Wiesen und nicht das düstere Grau in Grau einer verschmutzten Welt.

Die Kinderzeichnungen spiegeln ebenfalls diese facettenreiche Buntheit wider. Wenn Schwarz-Weiß oder düstere Farben gewählt werden, dann nur als bewusst eingesetztes Kontrastmittel, um Träume, Wünsche, Hoffnungen, Ideale noch farbenfroher und positiver erstrahlen zu lassen.

Die persönliche Zukunft ist bunt

Frage 12: Versuchen Sie sich Ihre persönliche Zukunft in einer Farbe vorzustellen, welche Farbe kommt Ihnen hauptsächlich in den Sinn?

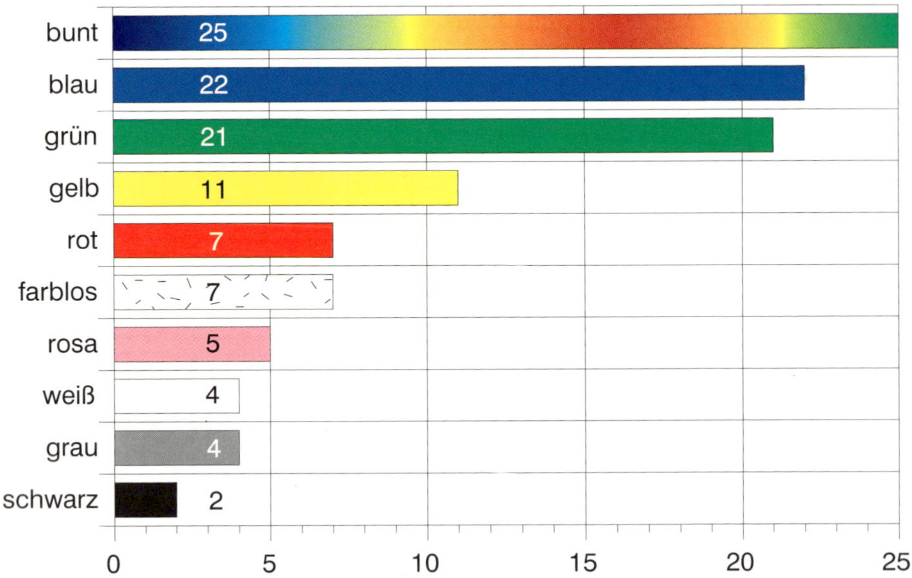

Angaben in %; Basis Gesamtbevölkerung N = 12.000

SO WIRD ES IN MEINER FANTASIEZUKUNFT AUSSEHEN!

Was wünschen sich die ÖsterreicherInnen
von der Familie der Zukunft?

3 Familie und Beruf – die Quadratur des Kreises?

Antonella Mei-Pochtler
ist erfolgreiche Unternehmensberaterin und Mutter von 3 Kindern

Es ist außerordentlich beruhigend und beunruhigend zugleich: In den Wunschbildern der Zukunft ist ein fast uneingeschränktes Bekenntnis zur Familie als wichtigster Lebenspol zu erkennen: das ist „good news", hört man doch immer wieder die Unkenrufe über den Untergang der Familie und die Heraufbeschwörung der kinderlosen egoistischen Gesellschaft. Gleichermaßen ausgeprägt ist jedoch auch der Wunsch nach beruflichem Erfolg und Selbstverwirklichung. Das „bipolare" Leben ist zwar nichts Neues in der Männerwelt, aber in dieser starken Ausprägung überraschend für die Frauenwelt. 76 % der Frauen bekennen sich zum Wunsch nach beruflichem Erfolg gegenüber 89 % im Schnitt der Männer, mit eindeutig höheren Werten für die jüngeren Altersgruppen. Die anstehende Quadratur des Kreises wird dann erst deutlich, wenn die dringlichsten Anliegen für die Zukunft formuliert werden: „Mehr Zeit für die Kinder" als notwendige qualitätsverbessernde Maßnahme für die Familie der Zukunft wird von Männern und vor allem von Frauen eine zentrale Bedeutung beigemessen. Das Fazit: die Familie lebt, aber sie ist einer Zerreißprobe ausgesetzt zwischen veränderten Rollen, bipolaren Wünschen und realen Notwendigkeiten für ein glückliches Zusammenleben.

Diese faszinierende Studie, die uns interessante Einblicke in die Zukunftsvorstellungen der Bevölkerung gibt, lässt einige pointierte Beobachtungen zu sowie – auf der Basis einer rein persönlichen Interpretation – die Formulierung einiger Thesen. Diese zeigen uns den Rahmen für die Herausforderung nicht nur an die Familie, sondern vielmehr an die Gesellschaft der Zukunft.

4 Beobachtungen zu den Erwartungshaltungen für die Zukunft

1. Das Lebensbild der Zukunft ist binär und nicht digital:
   Wie schon erwähnt, streben mehr als drei Viertel der Frauen beruflichen Erfolg an; gerade in der jüngeren Generation ist den Mädchen ein Einstieg ins Berufsleben ebenso selbstverständlich wie den jungen Männern. Und wenn ebenfalls drei Viertel aller Befragten wollen, dass sich Männer mehr um Hausarbeit und Familie kümmern sollen, oder wenn Frauen und Männer gleichermaßen wünschen, mehr Zeit für ihre Kinder zu haben, zeigt dies deutlich: Die Entscheidung „Beruf oder Familie?" wird nahezu nicht mehr vorkommen. Es wird – mit wenigen Ausnahmen – ein „sowohl als auch".
2. Die Konvergenz zwischen den Wunschvorstellungen beider Geschlechter schreitet voran:
   Egal, ob es darum geht, sich ein Eigenheim zu schaffen, finanziell vorzusorgen, eine Familie zu gründen, egal ob man „von vielen bewundert" werden will oder „etwas Bedeutendes tun" möchte – Frauen denken darüber nicht anders als Männer. Die gesamte Studie zeigt, dass es – wenn man nach Geschlechtern trennt – zwar hie und da einige Prozent Unterschied in den Antworten geben mag, aber keinerlei wirklich divergierende Trends.
3. Die Rückeroberung der Zeit für die Kinder wird zum wichtigen Lebensqualitätsfaktor:
   Von 65.000 Teilnehmern an der Studie haben mehr als 63.000 unisono die Aussage unterstützt, dass sich Eltern wieder mehr Zeit für ihre Kinder nehmen sollen. Drei Viertel wollen neue Spielregeln für Be-

rufs- und Privatleben (und sind realistisch genug, dies nicht vorrangig über kürzere Arbeitszeit zu fordern).

4. Das Primat der Selbstbestimmung prägt die Lebensphilosophie und vor allem die Partnerschaftsentscheidungen.
   88 % der Frauen wünschen sich, dass in der Familie nicht zwischen Frauen- und Männeraufgaben unterschieden wird. Bei den Männern bekennen sich immerhin 77 % zu diesem Wunsch. Den Mann als das Oberhaupt der Familie wünscht sich von den unter 40-Jährigen nicht einmal mehr ein Viertel (in der älteren Generation sind es noch doppelt so viele). Dabei bleiben aber Frauen wie Männer immer noch innerhalb einer auf die Familie hingeordneten Werte- und Beziehungswelt: Aussagen wie „Ehen sollten wieder ein Bund für das ganze Leben sein" werden zu fast 80 % unterstützt, während Statements wie „Ein guter Freundeskreis sollte wichtiger sein als eine Familie" mit noch größerer Mehrheit abgelehnt werden.

Sicherlich ließen sich aus dem reichhaltigen Fundus der Studie zahlreiche weitere Beobachtungen gewinnen, ich möchte aber vor allem auf 3 Themen eingehen und hierzu Thesen zu den zukünftigen Herausforderungen für die Gesellschaft formulieren:

3 Aufgaben für die Gesellschaft der Zukunft

1. Das Konzept der Familie muss evolutorische Mutationen durchlaufen, um gestärkt zu überleben.

Die Sehnsucht nach der Ehe als Bund fürs Leben ist groß. Die Realität ist jedoch anders. Das klassische Familienbild einer stabilen Gemeinschaft – von Vater, Mutter und 1 bis 2 Kindern – ist immer seltener zu finden. Bedenkt man die hohen Scheidungsraten und die entsprechend steigende Anzahl von Zweitehen und anderer Lebensformen, so drängt sich hier eher ein Bild des „Familiennetzwerkes" auf, mit mehr oder weniger losen, mehr oder weniger formalisierten Beziehungen. Diese Familiennetzwerke werden die Aufgabe der Kinderpflege und -erziehung über multiple verteilte Rollen abwickeln, deren Koordination von den Eltern, meist aber von der Mutter ausgehen wird. Wir sehen hier also eine moderne Form der Großfamilie.

Bedenkenträger, die moralisierend eine solche Familienform verurteilen und das alleinige Heil in der oben beschriebenen geschlossenen Kleinfamilie sehen, kämpfen letztendlich gegen den Bestand der Familie als Ganzes.

Für die Gesellschaft heißt es, dass man diese Formen des Zusammenlebens unterstützen muss – angefangen von den steuerlichen Voraussetzungen bis hin zu der sozialen Akzeptanz.

2. Die Verwirklichung der Rollenvielfalt der Frauen ist ohne eine Rollenvielfalt bei den Männern kaum möglich – eine symmetrische Entwicklung ist zwar wünschenswert, aber eher unwahrscheinlich.

Gesetzlich verordnetes Tellerwaschen ist sicherlich nicht die Lösung, aber die Thematisierung einer Umverteilung der Hausarbeit ist der Startpunkt für eine notwendige Entwicklung. Schon heute sieht man eine viel größere Ausgewogenheit der Aufgabenverteilung bei jüngeren Paaren. Dies wird sich weiter verbessern, wenn man in den Schulen und in den Familien die Kinder auf diese Notwendigkeit aufmerksam macht und ihnen positive Vorbilder aufzeigt. Das „Schmackhaftmachen" von bestimmten Tätigkeiten der Hausarbeit und der Kinderpflege und -erziehung gehört auch dazu, genauso wie die Entwicklung von besseren Unterstützungsangeboten. Die Familie der Zukunft wird ähnlich wie Unternehmen heute die verschiedenen Tätigkeiten unter die Lupe nehmen, um zu identifizieren, welche man outsourcen kann, welche man selbst ausführt und wie diese intern verteilt werden können.

3 Fragen wird man sich hierfür stellen müssen: Wie wichtig ist diese Tätigkeit für unser Wohlbefinden und für das Glück der Familie und wie ist die Kosten-Nutzen-Relation. Wie gut und effizient kann ich diese Tätigkeit selbst ausführen? Welche und wie gut sind die externen Angebote dafür? Die Entwicklung professioneller Dienstleistungsangebote für die ganze Familie mit Kindern wird eine wichtige gesellschaftliche und unternehmerische Aufgabe sein, um diesen Prozess aktiv zu unterstützen.

3. Die Fähigkeit zur Neuaufteilung von Zeit zwischen den verschiedenen Lebensbereichen und Aktivitäten ist zunehmend wichtig für Gesundheit und Glück einer Gesellschaft.

Die Umverteilung von Zeit zwischen Beruf und Freizeit ist die Maßnahme mit der höchsten Wirksamkeit auf dem Weg zu einer ausgewogeneren und glücklicheren Gesellschaft. Aber ist es nur ein Wunschtraum? Wir sehen heute schon interessante Ansätze, die in die richtige Richtung gehen, so z. B. die Zunahme von Teilzeitarbeit, die flexibleren Arbeitszeiten etc. Der echte Quantensprung wird jedoch nur auf der Basis einer aggressiven Nutzung der neuen Technologien für eine andere Gestaltung der Arbeit kommen. „E-lancing“ ist der Ausdruck, der die neue Arbeitsform eines elektronisch durch E-Mail, Mobiltelefon, Web-Computer unterstützten „Free-lancers“ beschreibt, also eines Freiberuflers, der meist temporär und projektbezogen in einer Gruppe arbeitet. Mit dem Umbruch zur Dienstleistungsgesellschaft könnten solche Jobs zur Regel und nicht zur Ausnahme werden. Eine solche fundamentale Flexibilisierung der Arbeitswelt ermöglicht ganz neue Zeitverteilungskonzepte.

Der Untergang des Arbeitsplatzes fürs Leben hat jedoch auch Schattenseiten, die man beheben muss. Die geringere Sicherheit ist bedrohlich, und wir sehen aus der Studie, dass der Mensch immer mehr nach Sicherheit sucht. Nur die Starken fühlen sich in einem solchen System wohl, und mit stark ist hier vor allem die fachliche und persönliche Stärke zu verstehen. Die gut ausgebildeten „Knowledge workers“ werden davon profitieren, aber was ist mit den weniger spezialisierten Kräften? Das zeigt einmal mehr die Bedeutung von Bildungsinvestitionen als Rückgrat einer neuen Gesellschaft.

Werden wir in Zukunft die anfangs beschriebene Quadratur des Kreises zwischen Individualwünschen, Partnerschaftserwartungen und Kinderbedürfnissen mit größerem Erfolg bewältigen? Schaffen wir es, flexible Familienmodelle für die Zukunft zu entwickeln, die dieses leisten, ohne an der enormen Zerreißprobe zugrunde zu gehen? Die Suche nach Lösungen lohnt sich, da Zufriedenheit und Wohlstand der Gesellschaft wesentlich davon abhängen werden. Und die Suche muss zunächst bei jedem Einzelnen selbst anfangen: Individuelle Experimente und Lösungen können genau jene Vorbilder schaffen, die zu einer veränderten Geisteshaltung führen. Diese veränderte Geisteshaltung ist dann der notwendige Humus, um strukturelle Verbesserungen in der Breite durchsetzbar und umsetzbar zu machen. Das hieße in leichter Abwandlung zum berühmten Spruch von Kennedy[1)]: „Frage nicht, was die Gesellschaft für Dich tun kann, sondern was Du für die Gesellschaft leisten kannst!“

1) „Don’t ask what the country can do for you, ask what you can do for the country!“

3 Partnerschaft und Familie

WIR vor ICH?!

Wer hätte das in dieser Deutlichkeit erwartet? In einer Gesellschaft, in der Singles, alleinerziehende Mütter, Scheidungswaisen, ... statistisch wachsende Größen bedeuten, stellt der Gedanke an eine Familie ein starkes Wunschbild dar. Der wichtigste Zukunftswunsch der ÖsterreicherInnen ist „eine Familie, die zu mir hält".

„Mehr das WIR als das ICH beachten" / „Die verschiedenen Rollen erfüllen" / „In der Rangreihe ist bei mir Familie noch immer vor dem Beruf. Ich arbeite am Berufswiedereinstieg" / „Die Familie verwöhnen und mich verwöhnen lassen" / „An meiner Selbständigkeit intensiv arbeiten und dabei meine Familie nicht vergessen"

Wichtige Zukunftswünsche der Österreicher

Sich in der Familie wohlfühlen, mehr Zeit für die Familie und für die Kinder zu haben, das Beibehalten traditioneller Familienstrukturen mit einem Hauch von Zeitgeist zum Thema „Halbe-Halbe". Viele der Zitate zeigen, wie sehr ganz besonders junge berufstätige Frauen bemüht sind, Gegensätze zu vereinen – das nach Selbstverwirklichung strebende ICH mit dem starken Bedürfnis nach Lebensqualität und Glücklichsein in der Familie zu einem Wir-Gefühl zu vereinen.

In der Zeit, die für die Familie bleibt, soll die Familienarbeit partnerschaftlich geteilt werden.

Darüber hinaus meinen immerhin drei Viertel aller ÖsterreicherInnen, dass sich Männer mehr um Haushalt und Familie kümmern sollen. Nach wie vor fordern (vor allem jüngere) Frauen noch stärker als andere die männliche Unterstützung im Haushalt.

Insgesamt dominiert wohl ein eher traditionelles Familienbild, freilich mit einigen wichtigen Nuancen. Es plädieren wohl rund zwei Drittel dafür, „dass sich Kinder ihre Eltern als Vorbilder nehmen sollten", wenn es aber um die Frage geht, „ob Männer wieder das Oberhaupt der Familie sein sollen", dann kommt es genau umgekehrt: Rund zwei Drittel halten nichts von diesem „Rückfall in alte Zeiten".

„Ich träume davon, glückliche Kinder zu glücklichen Erwachsenen heranreifen zu sehen" / „Ich will für meine Kinder ein guter Lebensbegleiter sein" / „Ich möchte meinen Kindern immer nahe stehen" / „Ich wünsche mir, dass mich ein wunderbarer Mann so liebt, wie ich bin" / „Ich träume davon, dass die Kinder von morgen eine grüne Wiese und sauberes Wasser haben und dass die Sonne weiterhin scheinen kann" / „Ich möchte mir und anderen ‚Lebensqualität' geben"

Familie und Freunde: Wer sie nicht hat, möchte sie haben

Wird unsere Gesellschaft oft als „unfähig, Beziehungen zu pflegen" dargestellt, so stellt das einen krassen Widerspruch zu dem dar, was sich die ÖsterreicherInnen wünschen: Vor allem bei den jungen Erwachsenen dominiert die Absicht, eine eigene Familie zu gründen: 84 % der bis 19-Jährigen tragen diese Sehnsucht in sich, bei den bis 29-Jährigen sind es immerhin auch noch 63 %.

Die Österreicher zeigen hier starken emotionalen Tiefgang in ihren Gefühlen und Wünschen.
Wahnsinnig wichtig werden auch „echte Freundschaften" genommen. Dieser Wunsch ist bei jungen Erwachsenen ähnlich dominant wie auch bei

Österreicher wünschen sich mehr Zeit für ihre Kinder

Frage 14: Wenn Sie an die Familie von morgen denken, mit welchen Anliegen stimmen Sie da überein?

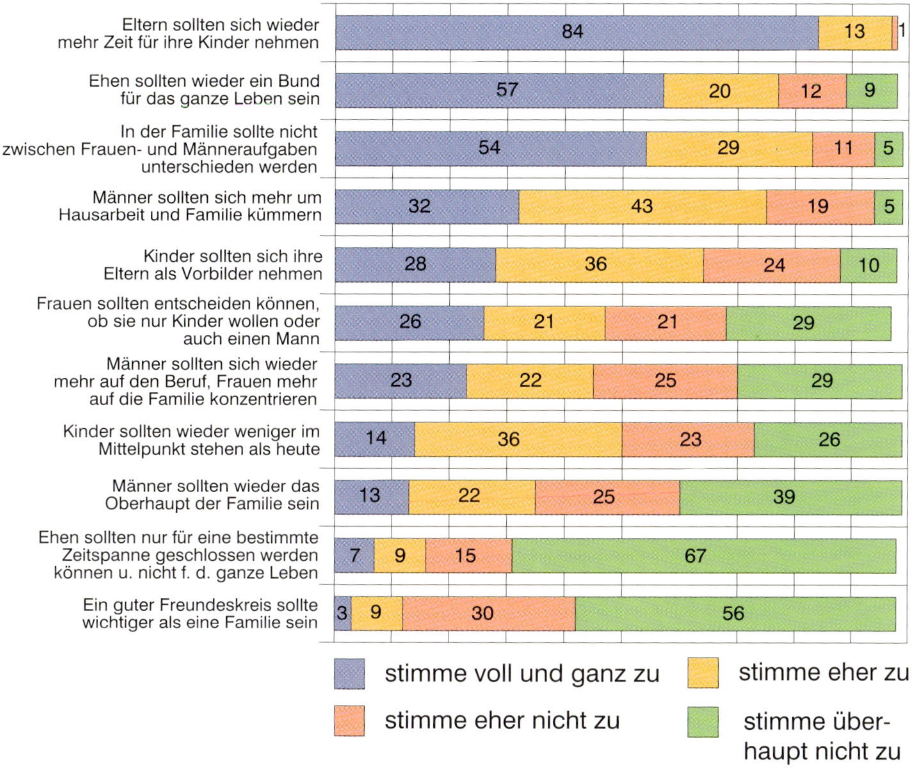

Angaben in %; Basis Gesamtbevölkerung N = 12.000

den älteren Semestern. Für Jüngere stellen Freunde fast die erweiterte Familie dar.

Mehr Zeit für die Kinder

Auch die Politik hat spät, aber doch die Familie als wichtige Zielgruppe erkannt. Sie vollzieht nur verspätet nach, was den Österreichern immer

EINE FAMILIE

schon wichtig war. Auf die Frage, welche Anliegen die Familie von morgen erfüllen sollte, antworteten beeindruckende 84 (!) %: „Eltern sollten sich wieder mehr Zeit für ihre Kinder nehmen".

Was angesichts der wachsenden Scheidungsraten noch mehr überraschen wird: Ehen sollten wieder ein Bund für das ganze Leben sein – das wünschen sich 57 % der Befragten in durchaus traditionellem Treueverständnis.

Ehen „auf Zeit" schließen zu können, wie es auch abgefragt wurde, können sich hingegen nur sehr wenige vorstellen.

Welche Wünsche haben die ÖsterreicherInnen an die Arbeitswelt von morgen?

4 Neue Arbeitswelt und Technologie

Albert Hochleitner
ist Generaldirektor der Siemens AG Österreich und Experte für neue Technologien

Werden wir morgen noch in der Lage sein, mit unseren Mitarbeitern, Vorgesetzten oder Untergebenen ein direktes Gespräch zu führen? Werden uns neue Formen der Arbeit mehr an Selbstgestaltung oder aber ans „Gängelband" des Arbeitgebers bringen? Werden immer leistungsfähigere Computer und deren Netzwerke das Leben und Arbeiten einfacher machen oder bedrohen sie Arbeitsplatz und Entwicklungschance?

Kein Thema wird die Menschen des 21. Jahrhunderts so sehr beschäftigen wie die Zukunft der Arbeit. Denn wenn sich die Arbeitswelt verändert, verändert sich auch die Gesellschaft. Die Frage nach Wert, Einfluss und Veränderungspotential neuer Technologien stellt sich daher im beruflichen Alltag wie niemals sonst. Das zeigt sich auch an den Ergebnissen der Studie, wenn eine überwältigende Anzahl der Befragten meint, dass „Menschen wichtiger als der Computer bleiben sollten". Ich meine, die Gesellschaft muss diese Befindlichkeit sehr ernst nehmen, ohne sie aber allzu genau beim Wort zu nehmen. Denn wäre es nicht der Computer, wäre es etwas anderes.

Dafür darf man den von diesem Gefühl betroffenen Menschen nicht die Schuld geben. Dies zeigt auch die enorm hohe positive Resonanz der Befragten zu den Kategorien Wandel, Veränderung und individueller

Leistungsbereitschaft. Hinter diesem Unbehagen gegenüber dem Computer steckt vielmehr eine grundsätzliche Unsicherheit gegenüber jenen Veränderungen, die mit enormer Geschwindigkeit das Althergebrachte in Frage stellen und bewährte Orientierungen ins Wanken bringen.

Ich bin daher der Überzeugung, dass wir, gerade in der Arbeitswelt, in der die Menschen eine elementare und existentielle Betroffenheit verspüren, ein „Rüstzeug" an Orientierung vermitteln müssen. Es liegt vielleicht in der Natur des Menschen, dem Neuen zuerst abwartend und skeptisch zu begegnen. Man muss sie daher für den Wandel „gewinnen", und dafür, das Neue „hereinzulasssen". Ebenso wenig wie in einem Unternehmen Veränderungen von oben herab dekretiert werden können, wird eine Gesellschaft aufs Geratewohl alles Neue begrüßen und alles Alte über Bord werfen. Ich sehe es sogar als einen gesellschaftlichen Kernprozess, den Bürgern zu erklären, warum plötzlich etwas falsch sein sollte, das die letzten 20 oder 30 Jahre richtig war. Heute sind sie darauf nur ungenügend vorbereitet.

Ich glaube im Übrigen, dass die Menschen mit dem Thema Wandel weniger Probleme haben, als wir gemeinhin annehmen.

Wir haben zumindest in unserem Unternehmen die Erfahrung gemacht, dass die Mitarbeiter bereit waren, Veränderungen – organisatorisch ebenso wie technologisch – mitzutragen, wenn sie sich deren Sinnhaftigkeit gewiss sein konnten. So sind wir beispielsweise darauf übergegangen, einige unserer Schulungen nicht mehr face to face, sondern auf elektronischem Wege anzubieten. Dies war teilweise eine Reise in das Ungewisse, weil wir hinsichtlich der zu erwarteten Akzeptanz seitens der Mitarbeiter nicht sicher sein konnten – umso mehr waren wir überrascht und beeindruckt, dass diese neue Form der Wissensvermittlung auf enorm positiven Widerhall stieß. Die Argumente waren: Mehr Gestaltungsspielraum bei der Auswahl der Lerninhalte, mehr zeitliche

Flexibilität, eine eigene Auswahl von Prüfungsterminen, vielfältige Kommunikationsmöglichkeiten mit anderen Kursteilnehmern (über Chat oder E-Mail).

Ein anderes Beispiel: Wir wickeln heute einen Großteil unserer unternehmensinternen Kommunikation über Intranet und E-Mail ab. Zu Beginn war von so manchen die Befürchtung geäußert worden, dabei könnte die notwendige menschliche Komponente, das Gespräch unter Kollegen, zu kurz kommen. Mittlerweile haben wir mit Hilfe der neuen Technologien unsere kommunikative Effizienz dramatisch steigern können – und die persönlichen Kontakte der Mitarbeiter zueinander sind, wie sie immer waren! Darüber hinaus wissen unsere Mitarbeiter nunmehr über das Unternehmen, über andere Bereiche, über andere Tätigkeiten so viel wie niemals zuvor.

Neue Formen der Arbeitsorganisation führen oft zu mehr unternehmerischem Verhalten auf Seiten der Mitarbeiter, sie geben ihnen mehr Flexibilität und Eigenverantwortung. Sie geben auch mehr Selbstwertgefühl, wenn Vorgesetzte nicht mehr kontrollieren, sondern „coachen“, und wenn die lange Zeit üblichen „Kommando-Kontroll-Führungsstile“ überwunden werden können.

Natürlich gehen beim Umstieg auf neue Organisationsformen der Arbeit bestimmte Teile der herkömmlichen Arbeitskultur verloren und werden durch neue ersetzt. Und gerade in dieser Phase orte ich ein schweres gesellschaftspolitisches Defizit in unserem Land: Nur allzu selten wird der Versuch unternommen, die Österreicherinnen und Österreicher für das Neue zu begeistern und ihnen die Angst vor dem Unbekannten zu nehmen. Das österreichische Bildungssystem etwa ist noch immer zu sehr darauf ausgerichtet, Wissen zu vermitteln, und übersieht dabei, dass ohne diese gewisse „Neugierde“ beträchtliche Potentiale unausgeschöpft bleiben. So ist es denn auch kein Zufall, dass die Grundhaltung der Österreicher gegenüber neuen Technologien von Ablehnung und Misstrauen geprägt ist und wir uns in fast allen einschlägigen Bewertungen am unteren Ende der Ranglisten wiederfinden.

Was mir persönlich an manchen fernöstlichen Kulturen gefällt, ist diese hohe Bereitschaft, die Dinge selbst in die Hand zu nehmen, ist dieses sprichwörtliche „we can do it". Wenngleich es mir fern liegt, für das Kopieren irgendeines Gesellschaftsmodells zu plädieren – im Zweifelsfall ist mir asiatisches „we can do it" sympathischer als österreichisches „hamma net".

Dennoch bin ich voll optimistisch, was unsere Chancen betrifft, als kleines, aber hochentwickeltes Industrieland in dieser Zeit der Veränderungen und Umbrüche erfolgreich zu bestehen. Eines ist sicher: Die Arbeit der Zukunft wird durch den technischen Fortschritt ein anderes Antlitz bekommen. Es liegt in unserer Hand, zu bestimmen, wie dieses Antlitz aussehen wird. Neue Technologien eröffnen neue Möglichkeiten des Umgangs – es liegt an uns, diesen Umgang zu definieren und zu lenken und ihm die gewünschte Richtung zu geben: Das Leben der Menschen einfacher zu machen. Das wird allerdings nur dem gelingen, der sich öffnet, und nicht dem, der sich verschließt.

4 Die Arbeitswelt von morgen

Menschlichkeit, Fairness, Chancengleichheit

Die Frage nach der Arbeitswelt von morgen zählt wohl zu den spannendsten. Umso bemerkenswerter ist es daher, dass die ÖsterreicherInnen dabei fast einstimmig ein gewisses Unbehagen mit dem gegenwärtigen Zustand ausdrücken. Sie legen ein eindeutiges Plädoyer ab: nämlich für mehr Menschlichkeit, Fairness und Sicherheit.

So halten 97 % den Wunsch nach „mehr Menschlichkeit" in der Arbeitswelt für wichtig oder sehr wichtig. Es gibt so gut wie niemanden, der diese Forderung „überhaupt nicht wichtig" findet. Freilich, so schränkt die Meinungsforschung ein, dürfe man daraus nicht den Umkehrschluss ziehen, dass die heutige Arbeitswelt durch die Bank als „unmenschlich" angesehen wird. Denn gerade „mehr Menschlichkeit" ist ein Anliegen, zu dem kaum einer so ohne weiteres Nein sagen wird, wenn er in einem Fragebogen darauf stößt.

Überdeutlich ist die Zustimmung zur Forderung „Wettbewerbsdruck reduzieren": 82 % fänden dies wichtig. Nur ganze 4 % haben am herrschenden Zustand diesbezüglich nichts auszusetzen. Auch neue Spielregeln für die Verbindung von Privat- und Berufsleben sind gefragt – bei 66 % der Antworter, wobei die Frauen hier überwiegen. 89 % wollen mehr Möglichkeiten, selbständig zu arbeiten. Und für ebenfalls 97 % ist es glasklar: Menschen sollten wichtiger als Computer bleiben.

Eigene Leistung soll zählen

Gleiche Chancen für Männer und Frauen erfreuen sich ebenso breitester Unterstützung (also längst nicht nur Frauen!), wobei leitende Angestellte zu jenen gehören, die damit etwas weniger anfangen können. Und unter denen, für die gleiche Chancen kein Anliegen sind, finden sich dreimal mehr Männer als Frauen. 91 % ist es ein Anliegen, wenn „mehr eigene Leistung und weniger Protektion“ eine Rolle spielen würde. Dies ist allerdings den Jungen, die selbst noch nicht in der Arbeitswelt stehen, etwas weniger wichtig als den Älteren.

94 % erhoffen sich mehr Chancen zur beruflichen Weiterbildung – ein verständlich hoher Prozentsatz, wenn man bedenkt, wie rasant der Wandel im Berufsleben bereits geworden ist.
Eine Verminderung des Leistungsdruckes sei wohl wünschenswert, ebenso wie mehr Möglichkeiten, selbständig arbeiten zu können.

So, und jetzt bitte kurz anhalten: In einer Zeit, in der international unverändert die Verkürzung der Arbeitszeit als politische Forderung erhoben wird, wünschen sich nur 18 % als „sehr wichtig“, dass dies auch tatsächlich realisiert wird. Genauso viel Menschen können damit überhaupt nichts anfangen. Viel wichtiger ist den ÖsterreicherInnen, am Arbeitsplatz direkt, anständig und fair behandelt zu werden. Diese „soft facts“ werden höher bewertet als die „hard facts“ einer eventuellen Arbeitszeitverkürzung! (siehe Grafik auf Seite 79)

Eine Arbeit, in der man lange gebraucht wird

Alle aktuellen Untersuchungen dokumentieren, dass die Fluktuation in der Berufswelt rasant zunimmt, dass man immer weniger lang eine einmal erlernte Fertigkeit auch in einem Job nützen kann, kurzum: Der Rhythmus des Wechsels im Berufsalltag wird stets kürzer.

Die Arbeitswelt von morgen soll menschlich und fair sein

Frage 15: Wenn Sie sich für die Arbeitswelt von morgen etwas wünschen könnten, was wären da Ihre vordringlichen Anliegen?

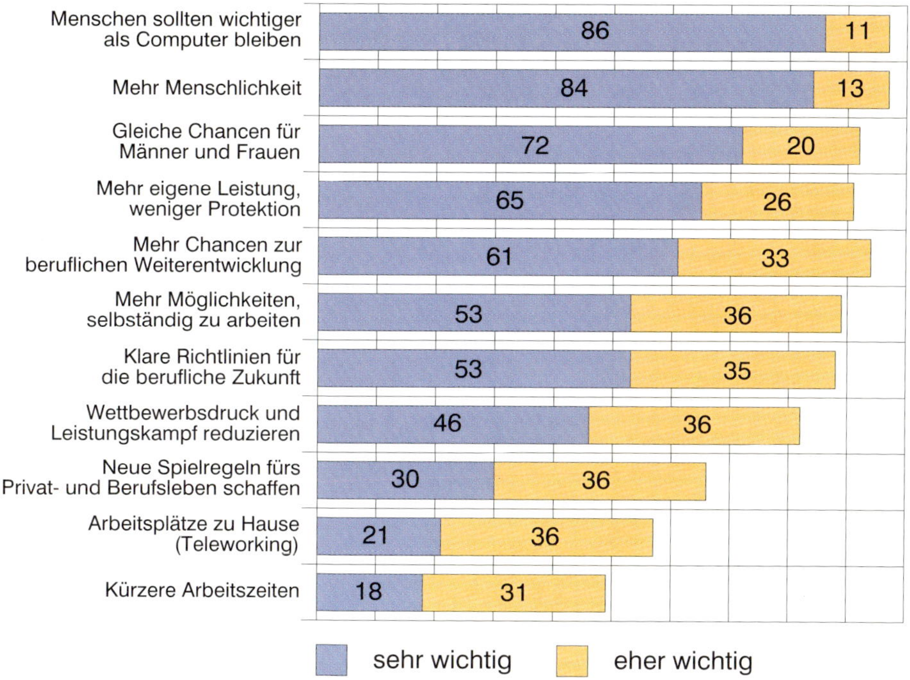

Angaben in %; Basis Gesamtbevölkerung N = 12.000

Diesem Phänomen stehen die dominanten Wünsche der ÖsterreicherInnen entgegen: Sie träumen von einer Arbeit, in der man lange gebraucht wird, wo man einen möglichst „sicheren Job hat“. Ausdrücklich wurde etwa bei den Anmerkungen auf den Fragebögen ausgeführt: „Ich möchte einmal einen Arbeitsplatz bekommen und nach 20 Jahren noch gebraucht werden.“

Diese Kontiuität der Beschäftigung wird höher bewertet als das Gelingen einer Karriere bzw. eines beruflichen Aufstiegs.

Eine Arbeit, in der man lange gebraucht wird

Wünsche/Hoffnungen
Berufsleben 29 %

- nicht arbeitslos sein, einen sicheren Job haben, Arbeit finden
- Erfolg, Beförderung, Karriere, Aufstieg, Verbesserung
- Arbeit für alle
- Guten, ausgefüllten Beruf

„Einen Arbeitsplatz bekommen und nach 20 Jahren noch gebraucht werden“ / „Dass ich beruflich einmal Karriere mache“ / „Meine Fähigkeiten und Kenntnisse im Berufsleben beweisen“

Persönliche Ziele für das Jahr 2000
Berufsleben 5 %

- Beruf allgemein / berufl. Veränderung
- Erfolg, Beförderung, Karriere, Aufstieg, Verbesserung
- sicherer Job
- guter Job

„Dass sich mein Unternehmen positiv entwickelt“ / „Ich will endlich wieder Arbeit finden“ / „Ein neuer Job, in dem ich Anerkennung und soziale Bindungen finde“

Zeitplanung ist wichtig für den Erfolg

Die Bedeutung der „Zeit“ spielt im Leben der ÖsterreicherInnen offensichtlich eine ganz besondere Rolle. Eindeutig bejaht wird, „dass sorgfältige Planung wichtig für den Erfolg im Leben ist“. Und dass man eben nur dann weiter kommen könne, „wenn man die Zeitplanung im Griff hat“.
Aber doch fast die Hälfte der Befragten empfindet großes Unbehagen, wenn die notwendige Zeitplanung gemacht werden muss.
Jene, die Zeit nur in Verbindung mit Geld sehen können, werden bedauert (69 %) und ebenso klar ist es, dass „immer unter Zeitdruck zu stehen, die Lebensqualität verschlechtert“(67 %).
Und 61 % empfinden es eher unerträglich, das eigene Leben in genau vorgegebene Zeitpläne einpassen zu müssen.

Zeit darf nicht alles dominieren

Frage 22: Die Bedeutung der „Zeit“

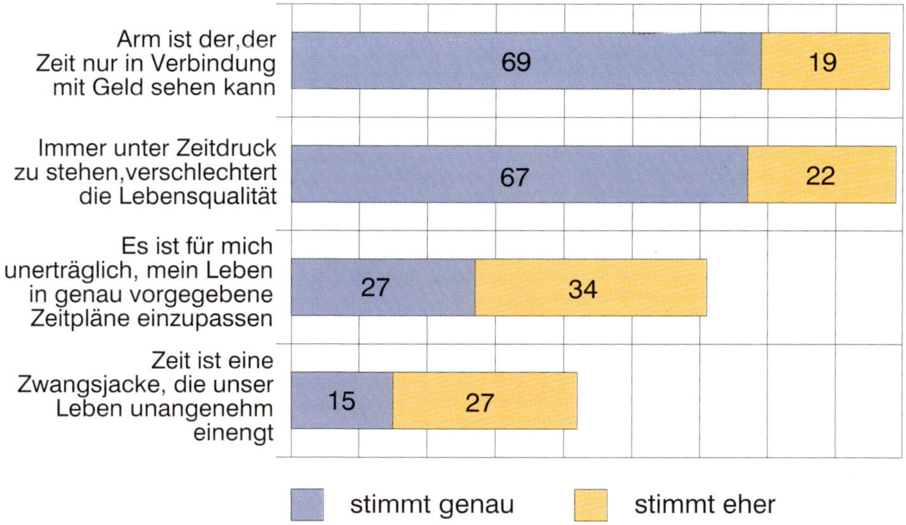

Angaben in %; Basis N = 2.000

„Ich hoffe für die Zukunft, dass Großkonzerne mehr an die Menschen als an den Profit denken" / „Ich hoffe, dass meine Eltern nicht Pleite machen" / „Ich hoffe darauf, wieder erfolgreich ins Berufsleben einsteigen zu können"

Die Zeitplanung wird kaum umgesetzt

Wie sehr die ÖsterreicherInnen mit dem Phänomen „Zeit" kämpfen, unterstreicht auch das Faktum, dass die Zeitplanung kaum umgesetzt wird: Nur 6 % planen alles, und das jeden Tag und ganz.

Hingegen meinen 26 % aller ÖsterreicherInnen: „Ich komme mit meiner Zeit nie wirklich gut zurecht. Meist verschätze ich mich und muss dann etwas verschieben oder mich abhetzen."

Zeitplanung wird kaum umgesetzt

Frage 2: Die Bedeutung der „Zeit"

Persönliche Umsetzung von Zeitplanung

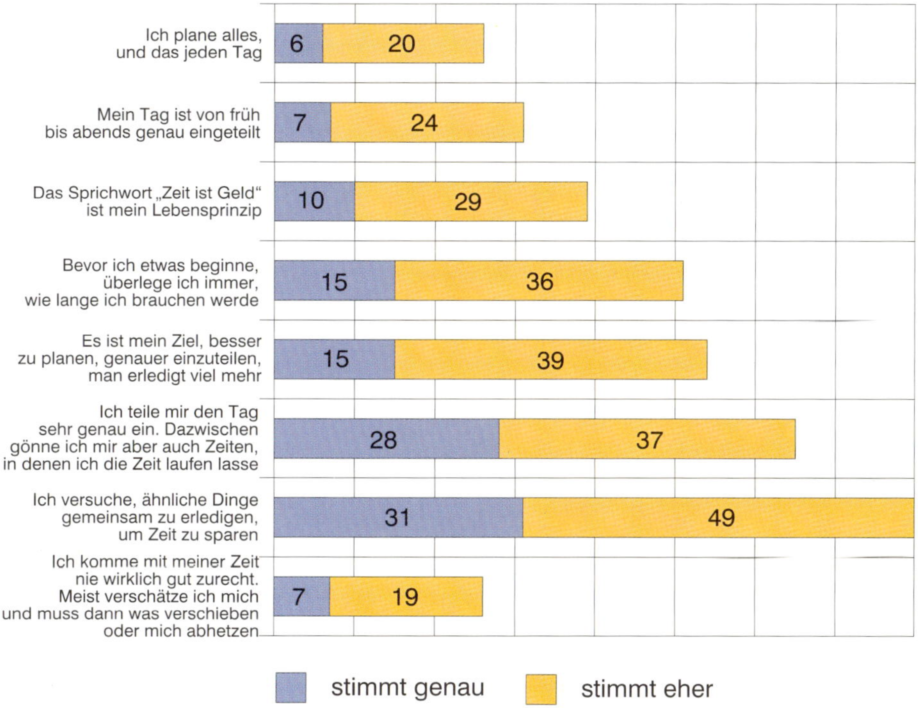

Angaben in %; Basis N = 2.000

Welche Welt hinterlassen wir
unseren Kindern?

5

Ist Umwelt „out"?

Bernd Lötsch
Generaldirektor des Naturhistorischen Museums, Wien, ist seit vielen Jahren Umweltschützer

Die kurzgreifende Behauptung, Umwelt sei „out", wird von der Studie scheinbar bestätigt, schließlich aber doch widerlegt: Umwelt ist ebenso wenig „out" wie „Soziales".

Es überrascht nicht, dass den Menschen der UNIQA-Studie, wenn man sie spontan nach ihrem individuellen Lebensentwurf für die nächsten Jahre befragt, direkt beeinflussbare Themen wie Beruf, Familie, Finanzen, Wohnen vorrangig erscheinen, ebenso wie Partnerschaft, die eigene Person (zu welcher etwa Aus- und Weiterbildung, Selbstverwirklichung, Stressabbau, Vitalität, Reisen und Freizeit gehören). So betrachtet darf man sich fast wundern, dass immerhin 11 % den Umwelt-, Natur- und Artenschutz ausdrücklich in ihren persönlichen Lebenswünschen nennen, wobei sich in einem zweiten Durchgang (Frage 17: Wenn Sie jetzt noch einmal nachdenken ...) bereits 20 % für den Umweltschutz als einen ihrer Lebenswünsche entscheiden.

Noch spannender für die ökologische Auswertung der Ergebnisse ist der absolute Listenführer aller Lebenswünsche – nämlich die Gesundheit (61 %). Diese wird nicht als Schicksal, sondern als aktiv beeinflussbar betrachtet. Frage 10: „Gesundheitsbewusst leben" ist im individuellen Lebensplan von 94 % fest verankert und liegt sogar deutlich vor der Bewertung des beruflichen Erfolges. Wie zu erwarten, steigt der Stellenwert von „Gesundheit“ und „gesund leben“ mit dem Alter, während die Bewertung des Beruflichen abnimmt. (In Bestätigung der Pointe, dass der industrielle Erfolgsmensch die erste Hälfte seines Lebens mit seiner Gesundheit hinter dem Geld herläuft, um die zweite Hälfte seines Lebens mit dem Geld hinter der Gesundheit herzulaufen.)

Einen persönlichen Beitrag zum Umweltschutz zu leisten, wird zwar ebenfalls stark bejaht (64 % haben dieses Vorhaben bereits verwirklicht und 24 % geplant), dies sollte aber nicht überbewertet werden – es spiegelt eher die Selbstzufriedenheit einer Gesellschaft wider, die Mülltrennung und Kat-Auto trotz wachsender Müllberge und Blechlawinen für entscheidende Beiträge zur Lösung des Umweltproblems hält. Da es unserem System gelungen ist, die vordergründigen Umweltschädigungen wie stinkende Deponien, giftschillernde Abwassereinleitungen, Rußwolken und Industriestäube, Benzingestank und Auspuffqualm „aus dem Auge, aus dem Sinn“ zu verbannen (ebenso wie das Sterben), und selbst geschädigte Wälder, artenverarmte Holzplantagen und ausgeräumte Traktorensteppen aus der Windschutzscheibenperspektive grün aussehen, beruhigt sich der einst besorgte Bürger mit der Illusion, das rasch Machbare sei geschehen, die ökologische Lage habe sich vorläufig normalisiert. Die Umweltnoxen wurden unter die Schmerz- und Schreigrenze des Konsumenten und damit auch des Wählervolkes gedrückt.

Sehr viel tiefer lassen die Wünsche zur „Umwelt und zum Universum, in dem wir leben“, blicken – etwa „dass der Wert des Wassers erkannt wird, bevor es zu spät ist“. Dies halten 98 % für wichtig (87 % sehr, 11 % eher), wobei hier große Übereinstimmung der verschiedenen Altersklassen herrscht. Fast ebenso vollständig (95 %) und fast ohne altersbedingte Unterschiede ist die Zustimmung zum Wunsch, „dass das Ozonloch eingedämmt wird“: 83 % bezeichnen es sehr, 12 % eher wichtig, nur 1 % scheint dies unwichtig.

Bemerkenswerterweise erzielt die Vision, „dass es durch den medizinischen Fortschritt allen Menschen ermöglicht werde, vital 100 Jahre alt zu werden“, nicht annähernd solche Akzeptanzen. Nur 24 % finden dies sehr und 29 % eher erstrebenswert.

Eines der interessantesten Resultate betrifft den Wunsch, „im Einklang mit der Natur zu leben“. Interessant wegen der zeitgeistig hohen Akzeptanz, der ausgeprägten Altersstaffelung und dem erkennbaren Unterschied zwischen ausgeprägten Internet-Usern und einer Durchschnittsbevölkerung. 94 % bezeichnen „im Einklang mit der Natur zu leben“ als sehr (69 %) und eher wichtig (25 %) wobei der Anteil, der dies „sehr wichtig“ findet, zwischen den jüngsten (46 %), und den ältesten Altersgruppen (80 %) charakteristisch auseinander klafft.

Die Jugend ist zwar durch Leitpersönlichkeiten und prägende Erlebnisse sehr rasch für Umweltideale zu begeistern – und dies nicht nur zu Zeiten der Anti-Atom-Bewegung oder Hainburgs –, aber überwiegend lebt der Jugendliche heute in seiner eigenen Welt aus Pop-Idolen und Cine-Stars, erwachender Erotik, Beziehungskisten, Discos und Clubbings, Freizeitelektronik, Flimmerscheibe und PC, Technik-Spielzeug und Sportgerät, Schule und Berufsausbildung. Protest gegen Konventionen des Establishments, Selbsterfahrung und Risikobereitschaft sind wichtiger als der Gedanke an Gesundheit, Sicherheit und globale Umwelt – ausgenommen Drittwelt-Probleme, die mit Exotik und Fernweh korrelieren.

Zwischen Jugend und Natur schieben sich zunehmend Computerschirm und Virtualität. Wenn man die per Internet eingesandten Fragebögen mit den papierenen vergleicht (die teils sicher auch von PC-Benutzern ausgefüllt wurden), zeigen die Internet-User eine deutlich andere Einstellung zum „Leben im Einklang mit der Natur“: So antworteten die 20 bis 29-jährigen Internet-User auf diese Frage nur zu 45 % mit

„sehr wichtig", die 20 bis 29-jährige Mischgruppe der Haushaltsbefragung aber mit 58 %. Bei den 30 bis 39-Jährigen ist der Unterschied 48 % gegenüber 66 %. Das heisst, emsigen Internet-Usern mittleren Alters ist das „Leben im Einklang mit der Natur" um rund 30 % weniger wichtig als der gleichaltrigen Mischgruppe aus der Gesamtbevölkerung.

Das höchste Interesse an Umweltthemen und einem Leben im Einklang mit der Natur findet sich bei den Frauen, und unter diesen besonders bei solchen aus kleineren Gemeinden (ländlicher Raum). Auf ungeteilte Zustimmung aller jedoch trifft die Vision „Grüne Wiesen für die Kinder von morgen". Hier verbindet sich ein Rest von Generationenverantwortung mit einem verarmten Naturbegriff – Mähwiese als Spielmatte statt Landschaft als Erlebnisraum, Nahrung für Neugier und Phantasie sowie als Wirkgefüge.

Umweltinteressierte sind für sich selbst weder besonders pessimistisch noch prinzipiell technikfeindlich. Sie bezeichnen sich überwiegend als Optimisten. Die Österreicher erkennen auch mit 96-prozentiger Mehrheit an (76 % sehr, 20 % eher, nur 1 % nicht), dass die Nutzung des technischen Fortschritts zum Schutz unserer Welt dienen kann. Allerdings glauben sie nicht, dass die Verhältnisse auf der Erde alles in allem immer besser werden. Nur 29 % glauben an eine Besserung.

In diesem Zusammenhang mag eine Erkenntnis aus der Zusatzbefragung interessant sein, welche im Sommer 1999 auf der repräsentativen Basis von 2.000 schriftlichen Interviews erhoben wurde. Dort wurde unter anderem gefragt, welchen Zeithorizont die ÖsterreicherInnen folgender Aussage geben: Die Natur wird wieder gesunden, wir werden wieder eine saubere Luft und sauberes Wasser haben. Nur 38 % halten dies in den nächsten 50 Jahren für möglich. Rund ein Fünftel antwortet schlicht: „nie". Dies ist fast so pessimistisch wie die Einschätzung zum Welthungerproblem. In absehbarer Zeit von 1 bis 3 Generationen ist –

so die Mehrheit der befragten Österreicher – keine Gesundung der Natur und Sanierung der Umwelt und noch weniger ein Sieg über den Hunger in der Welt zu erwarten. Diese Einschätzung von Laien würde bei Wissenschaftlern kaum auf Widerspruch stoßen.

Sehr aufschlussreich für die Gewichtung der Umweltproblematik in den Köpfen der Österreicher sind in der erwähnten Zusatzbefragung auch die Zukunftsängste und Unbehagen der Befragten zur Entwicklung der nächsten 50 bis 100 Jahre: Es führen jeweils mit 81 % „Die Zunahme von Natur-/Umweltkatastrophen" sowie „Der Eintritt von nuklearen Katastrophen", knapp gefolgt von „Zunahme des Mangels an Trinkwasser" und „Auftreten neuer Krankheiten durch chemisch bearbeitete Lebensmittel".

Zusammenfassend lässt sich feststellen: In den persönlichen Lebensentwürfen und kurzfristigen Zukunftswünschen der befragten Österreicher dominieren individuell beeinflussbare Themen, allen voran Gesundheit. Neben diesen privaten Anliegen nimmt sich das (eigentlich kollektive) Thema Umwelt scheinbar bescheiden aus. Die Umweltentwicklung ist vom einzelnen Bürger nicht im Rahmen persönlicher Zielsetzungen änderbar und schon gar kein individuelles Kurzfristziel. Allerdings benötigen die meisten aktuellen Lebenswünsche der Befragten zu ihrer Erfüllung eine gesunde Umwelt-Gesundheit und den Vorsatz eines gesundheitsbewussten Lebensstils, Wohlbefinden der Kinder, Reisen, Wasser-, Nahrungs- und Lebensqualität u. v. a. m. (einzelne Fragen bestätigen auch die Bereitschaft der Mehrheit, etwas für die Umwelt zu tun, obgleich es fraglich ist, ob darunter auch Wesentliches, Einschneidendes, Unbequemes gemeint ist).

Gewiss könnte ein oberflächlicher Blick auf die Studie zur Meinung führen, in Zeiten wie diesen brauche man die Umweltfrage nicht unbedingt, um eine Wahl zu schlagen. Mit Sicherheit aber wird der Erfolg der Politik in Zukunft daran gemessen werden.

Mehrheitsfähige Politik müsste verstärkt den Zusammenhang zwischen gesundem Lebensstil und gesunder Umwelt thematisieren (Lebensqualität, Erholungswerte u. a.) sowie den Zusammenhang zwischen Umweltschutz, Beschäftigung und Sozialem transparent machen, wie er in ökosozialen Steuerreformen enthalten wäre.

5 Von Umwelt zu Mitwelt und Innenwelt

Markante Ergebnisse am Rande der Studie

Eines ist klar: Dieses Buch erhebt keinen Anspruch auf wissenschaftliche Vollständigkeit. Es kann nur die wichtigsten Ergebnisse einer Studie enthalten, deren Tabellenbände allein mehr als 1.000 Seiten umfassen. Aber auch wenn wir uns auf die großen Themen wie „Persönliche Ansprüche“, „Familie“ und „Arbeitswelt“ konzentrieren, sollte doch die eine oder andere Erkenntnis nicht unter den Tisch fallen, die sich vielleicht an weniger prominenter Stelle des UNIQA-Fragebogens findet.

So finden sich in diesem Kapitel noch eine Reihe von interessanten Aussagen, die so recht nirgendwo hin- und doch dazugehören.

Haben Sie den Wunsch, einmal Nachbarn von einem anderen Stern zu treffen? Nein? Dann sind sie einer von 84 % der Österreicher, denen dieser Wunsch eher oder gar nicht wichtig ist. Noch gleichgültiger ist den Menschen übrigens die Vorstellung, in Zukunft eine Urlaubsreise auf den Mond zu buchen.

Eine andere „futuristische“ Vorstellung reißt die Menschen schon eher mit, nämlich der Wunsch, eine gemeinsame Sprache zu haben, in der alle Menschen miteinander reden können. Aber es ist nur eine ganz knappe Mehrheit, die dies wichtig fände. Je jünger die Menschen sind und je höher ihre Bildung ist, desto geringer wird außerdem der Wunsch nach der gemeinsamen Sprache – vielleicht, weil man sie im Englischen ohnehin schon gefunden glaubt?

Vorherrschend ist jedoch der Wunsch, „dass unsere Kinder ohne Drogen erwachsen werden können". Nur 3 % finden dies nicht wichtig; umgekehrt antworten sogar 90 % mit „sehr wichtig". Bemerkenswert ist allerdings, dass die Jugend da nicht mehr so ganz mitzieht. Gewiss bezeichnet auch bei der jüngsten Altersgruppe (15–19 Jahre) noch immer die überwältigende Mehrheit die Freiheit von Drogen als sehr wichtig. Aber es sind doch nur noch 74 %, und bereits ein Zehntel der Jugendlichen kann sich nicht mit diesem Wunsch identifizieren.

Warum die Frage „Ich feiere gerne Feste" in Vorarlberg deutlich mehr bejaht wird als in Oberösterreich (78 gegen 66 %), konnten uns auch die Meinungsforscher nicht beantworten. Dass aber durchwegs die Menschen gerne feiern – und zwar besonders die unter 30 – beruhigt. Interessanterweise ist die Feierfreudigkeit etwas geringer, je niedriger die Schulbildung ist.

Wenn auch die ÖsterreicherInnen optimistisch in die Zukunft sehen, würde doch jeder Zweite gern die Zeit anhalten können. Und wenn es darum geht, ob man „gerne im 21. Jahrhundert noch einmal auf die Welt kommen" würde, so zeigen sich die Männer (zu 41 %) diesem Wunsch gegenüber viel offener als die Frauen (30 %). Es sind übrigens die Jungen und keineswegs die Älteren, die sich dazu positiver äußern.

Die jungen Menschen unter 20 bilden auch die größte Gruppe derer, die laut Selbstauskunft an „ein Leben nach dem Tod glauben". Zwar sind jene, die „voll und ganz" für sich diesen Satz unterschreiben, in allen Altersgruppen annähernd gleich stark – nämlich zwischen 32 und 38 %. Doch die, die darauf nur mit „trifft eher auf mich zu" antworten, nehmen mit dem Alter ab – von 30 % bei den Jungen bis zu 13 % bei den Menschen über 70. Genau umgekehrt ist es bei jenen, die sagen: „An ein Leben nach dem Tod glaube ich überhaupt nicht." So bestimmt antwortet nämlich immerhin ein Drittel der Senioren – aber nur halb soviele der Jungen. Junge Menschen – wie generell auch die Frauen – gehören übrigens auch zu jenen Gruppen, die sich noch am ehesten für den Glauben an eine Wiedergeburt erwärmen können. 22 % sind dies in der Allgemeinheit, 24 % unter den Frauen und 28 % bei den Teenagern ab 15.

Wer, meinen Sie, träumt lieber – die Jungen oder die Alten? Der Aussage „Ich träume gerne vor mich hin und denke an schöne Dinge" stimmen die Teenager am stärksten zu (und zwar zu 83 %). Senioren über 70 neigen zwar ebenfalls noch zum Träumen, aber nur noch zu 69 %. Akademiker sind nüchterner als Pflichtschulabsolventen. Wer ledig oder geschieden ist oder in Lebensgemeinschaft lebt, denkt eher an schöne Dinge als die Verheirateten (vielleicht ans Heiraten?).

Ganz ohne Altersgefälle sind die Antworten zur Aussage: „Bevor man an andere denkt, sollte man sich um sich selbst kümmern". Dieser Satz wird von einer knappen Mehrheit befürwortet, nur bei Schülern, Maturanten und Akademikern, in Tirol und – dort am meisten – in Haushalten mit 3 Kindern oder mehr hält eine Mehrheit dagegen.

Die Meinung, dass ältere Menschen nur zurück schauen, lässt sich an den Antworten zu „Es interessiert mich, was in Zukunft noch alles entdeckt oder erfunden wird" eindeutig widerlegen. Die technologische Revolution mit ihrer rasend schnellen Aufeinanderfolge neuester Errungenschaften – wie PC oder Internet – hat auch den Senioren ihre Lust am Neuen nicht genommen. Das Interesse an künftigen Entdeckungen und Erfindungen ist bei Alt und Jung gleich groß – rund 80 % in jeder Altersklasse bekennen sich dazu.

Vielen geht es „wunschlos gut“

Frage 19: Wie sehr stimmen Sie mit der Feststellung überein: Mir geht es heute so gut, dass keine Wünsche mehr offen sind?

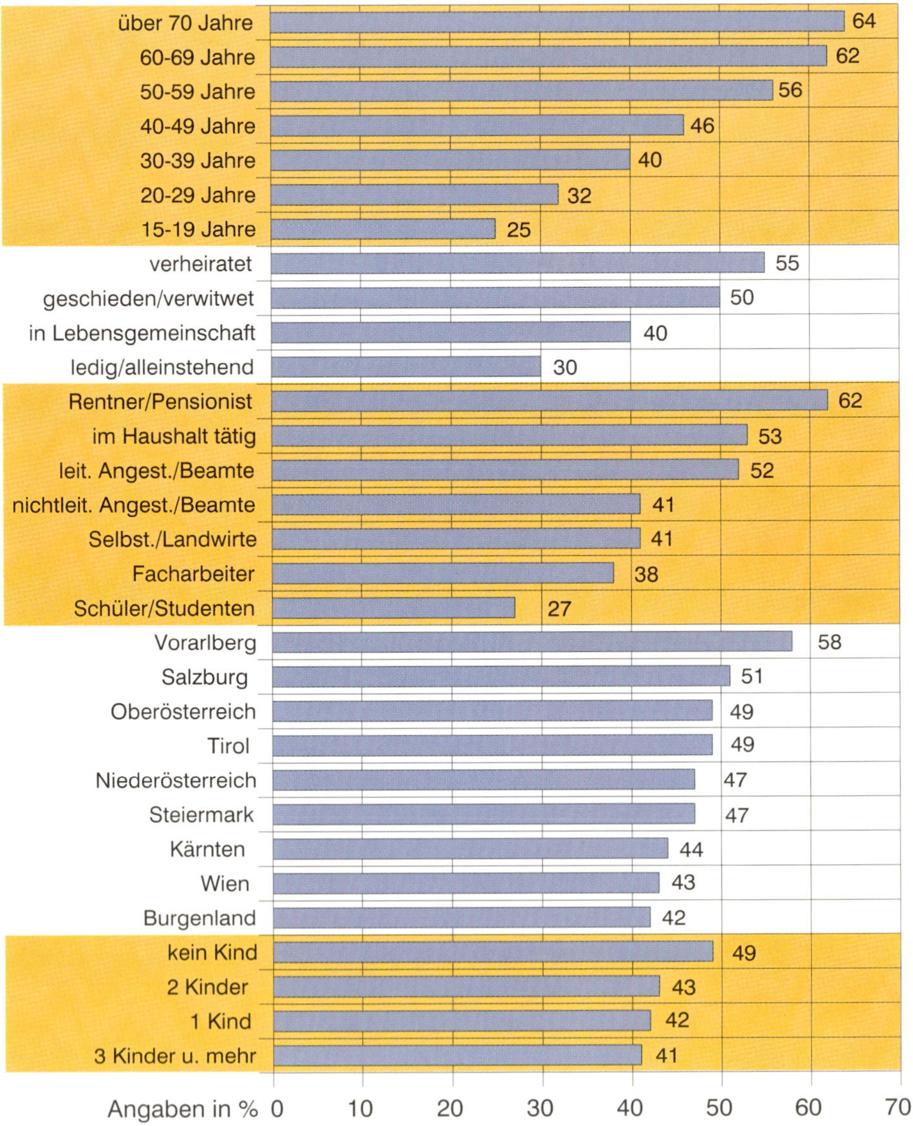

Zum Schluss noch eine Kernaussage: Wem geht es eigentlich gut in Österreich? Wer hat am Ende des Fragebogens, nachdem schon so viel nach Wünschen und Hoffnungen gefragt wurde, dem Satz zustimmen können: „Mir geht es heute so gut, dass keine Wünsche mehr offen sind"? Erstaunlich viele – fast die Hälfte aller Antworter. Und wieder löst sich ein Klischeebild in Luft auf: Der unzufriedene Alte, grantelnd und im Leben zu kurz gekommen – er ist nicht die Norm. Ganzen zwei Dritteln der Senioren geht es nach eigener Aussage heute „wunschlos gut". Nur 9 % dieser Altersgruppe sagen „stimmt überhaupt nicht". Dass es bei den ganz Jungen umgekehrt ist – nur ein Viertel spricht vom wunschlosen Glück –, sollte aber niemanden aufregen. Wenn nicht die Jugend die Zeit der großen Wünsche ist – wann dann?

Wie malen sich unsere Kinder und
Jugendlichen ihre Zukunft aus?

6

Zwischen Realismus und Phantasie

Angelika Trachtenberg
ist Kommunikationspsychologin, Marktforscherin und leitet eine Werbeagentur in Wien

Der Aufforderung „Lassen Sie Ihre Kinder ihre Zukunftswünsche zeichnen und geben Sie die Zeichnungen in das Retourkuvert" kamen mehr als 1.500 ÖsterreicherInnen nach. Sie alle wurden von der Kommunikationspsychologin Dr. Angelika Trachtenberg analysiert und 41 von ihnen für das UNIQA-Buch ausgewählt.

Die folgende Analyse gibt einen tiefgehenden und reichhaltigen Zugang zu den Zukunftswünschen und Hoffnungen unserer Jugend:

- Wie malen sich unsere Kinder und Jugendlichen ihre Zukunft aus?
- Spiegeln sich in ihren Zeichnungen die Wünsche und Hoffnungen der Erwachsenen wider?
- Erkennen wir die Einflüsse der Medien?
- Sind es Zitate aus Film und Fernsehen?
- Oder sind sie das Ergebnis der kritischen Auseinandersetzung mit der Erwachsenen-Umwelt und -Mitwelt?

Die gezeichnete Auseinandersetzung mit dem Zukunftsbegriff zeigt von all diesen Einflüssen etwas und präsentiert eine bunte, facettenreiche Zukunftswelt mit klaren Kontrasten zwischen Realismus und Phantasie.

Zeichnungen zum Zukunftsbegriff

16 % der eingesandten Zeichnungen zeigen beeindruckend, wie sich Kinder mit Zukunft auseinandersetzen. Ist alles Zufall? Wild durcheinander, nichts geplant, alles ist chaotisch, kunterbunt, vielleicht sogar ein Puzzle. Für manche verworren, undurchschaubar. Ein ständiges Entscheiden: Was ist richtig? Was ist falsch? Schon Kinder erkennen, man muss den richtigen Weg wählen, denn die Zukunft steht nicht fest, sie wird von uns gemacht. Vielleicht ist das ABC der Zukunft der Wegweiser zum Ziel?

Alles ist Zufall.
Wild durcheinander.
Nichts ist geplant.

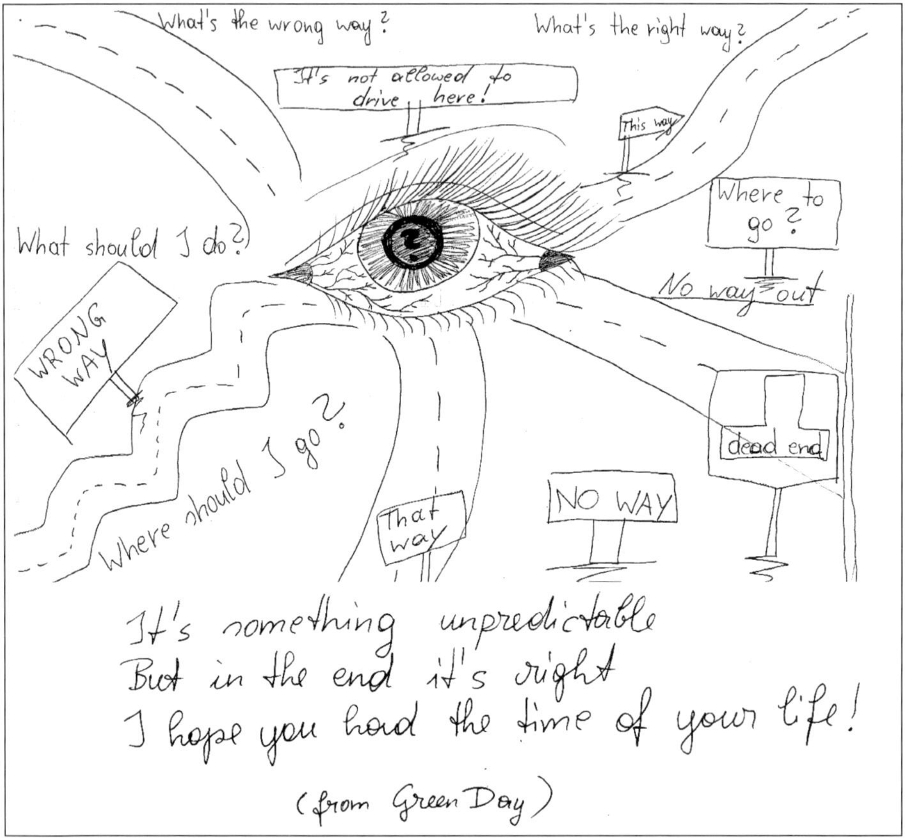
What's the wrong way?
What's the right way?
It's not allowed to drive here!
This way
What should I do?
Where to go?
No way out
WRONG WAY
dead end
Where should I go?
That way
NO WAY
It's something unpredictable
But in the end it's right
I hope you had the time of your life!
(from Green Day)

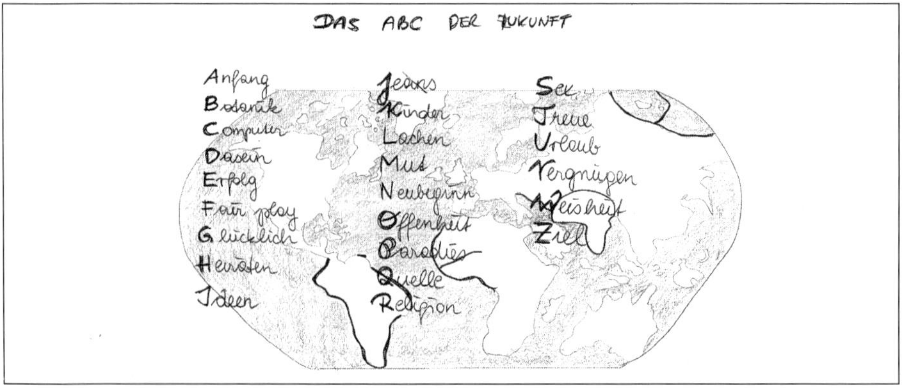
DAS ABC DER ZUKUNFT
Anfang
Botanik
Computer
Dasein
Erfolg
Fair play
Glücklich
Heiraten
Ideen
Jeans
Kinder
Lachen
Mut
Neubeginn
Offenheit
Paradies
Quelle
Religion
Sex
Treue
Urlaub
Vergnügen
Weisheit
Ziel

Der kindliche Realismus

10 % der Zeichnungen zeigen die dominierenden Einflussfaktoren des kindlichen Alltags – der eigene Lebensraum – die Familie – das schulische Umfeld – der Freundeskreis.

Es sind die Säulen der Lebensqualität, die Geborgenheit, die Sicherheit der Orientierung geben. Die vielen Bilder mit dem Häuschen im Grünen, dem Auto vor der Tür und der glücklichen Familie drinnen erzählen uns viel über das Bedürfnis nach Geborgenheit. Am besten ausgedrückt mit dem Wunsch „immer nach Hause kommen zu dürfen“.

Die bestehende Welt soll erhalten, im Idealfall verschönert werden.

Dazu die Wünsche von Eltern: „Meinen Kindern ein guter Lebensbegleiter sein“ / „Meinen Kindern ein erfülltes Leben geben“

Die realistische Auseinandersetzung mit der Zukunft: Erwachsen werden

13 % der Zeichnungen zeigen, wie Kinder über die Bewältigung des Erwachsenen-Alltags nachdenken. Ganzheitliche Lebensplanung, Tempowettbewerb, Stress und Rollenvielfalt, viel lernen, eine Familie gründen, die Traumhochheit, eine perfekte Familie, Familienglück und Anerkennung im Beruf, alles unter einen Hut bringen, denn die Zukunft hat alles parat: Liebe und Hass, Leben und Tod.

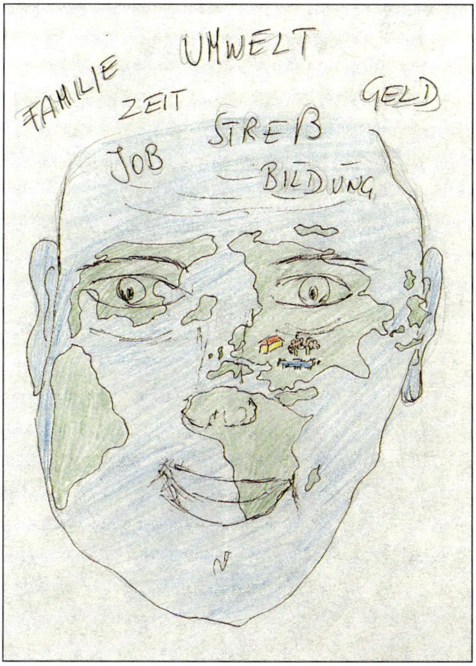

Dazu Zitate von Müttern: „Den Haushalt mit Beruf und Baby managen, dass alles zufriedenstellend ist“ / „Neben dem Baby arbeiten, lernen und nicht stressen lassen“

Alles
unter einem Hut!

JOB
FAMILIE

Das zukünftige Berufsleben – ein neues „Karrieredenken"

8 % der Zeichnungen setzen sich mit dem zukünftigen Berufsleben auseinander und zeigen ein neues Karrieredenken.
Sicherheit und Selbsterfüllung, Anerkennung, Gutes tun, erfolgreich sein, aber nicht aus puren materialistischen Zielen. Der Traum vom Reichtum, den es vom Himmel regnet, und die konkreten materialistischen Wünsche nach Sportwagen, Handys, ... finden sich nur in wenigen Zeichnungen.

Auch in den Spontanantworten in den eingesandten Fragebögen der unter 19-jährigen Österreicher konnten wir erkennen, wie dominierend

und wichtig die Beschäftigung mit dem Berufsleben der Zukunft ist. 59 % der Antworten beschreiben die Hoffnung auf einen guten Job, eine sichere Arbeit. Dazu gehört auch der ehrgeizige Wunsch nach Aus- und Weiterbildung. Nur durch aktives Hinzutun können die beruflichen Ziele und der angestrebte Wohlstand erreicht werden.

Die Zeichnungen präsentieren eine bunte Palette von Traumberufen: Tierarzt, Lehrerin, Zauberer, Zirkusartist, Rettungsfahrer, Entertainer oder Buchschreiber.

Die Umweltsituation der Zukunft

Ein weiterer, sehr starker Themenbereich der Zeichnungen (26 %) beschäftigt sich mit der Umweltsituation der Zukunft. Es ist aber nicht nur die idealisierte Darstellung der unberührten Natur, Achtung vor Tieren und Pflanzen und das rücksichtsvolle Zusammenleben von Mensch und Tier, es findet sich auch eine kritische, realistische Reflexion von Sorgen, Ängsten, Bedrohungen. Einige der Zeichnungen lassen ideologisches Engagement erkennen.

RETTET DIE WALE!!!

Ethische Ideale

9 % der Zeichnungen präsentieren den Wunschtraum einer Idealwelt, voll Friede, Liebe und Harmonie. Respekt vor allen Menschen, ein friedliches Zusammenleben, egal welche Rasse oder Religion. Eine strahlende Zukunft voll Menschlichkeit und positivem Denken auf „Mutter Erde“.

Zitate von 15 bis 19-Jährigen: „Ich will leidenden Menschen helfen“ / „Ich hoffe, dass es keine Armut mehr gibt“ / „Ich will in Frieden 16 Jahre alt werden“

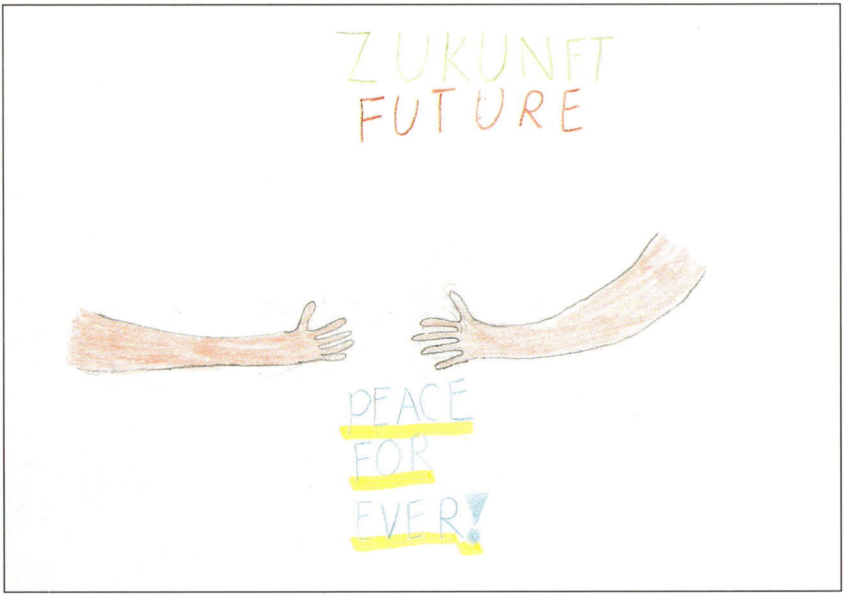
ZUKUNFT
FUTURE
PEACE
FOR
EVER!

Die kindliche Phantasie – Alles ist möglich

15 % – ein umfassender Themenbereich der Kinderzeichnungen präsentiert eine phantastische, grenzenlose, utopische Welt, in der alles möglich ist. Einflüsse der Medien, der Unterhaltungsindustrie, technische Errungenschaften der Gegenwart werden mit großem Ideenreichtum verarbeitet und lassen die Grenzenlosigkeit der Vorstellungen erkennen. Alles ist möglich, alles schwebt, alles fliegt in der intergalaktischen Stadt, ob auf der Erde oder im Weltraum auf neuen Planeten. Das spannende Leben im Raumschiff, das Zusammenleben mit der Bevölkerung anderer Lebensräume oder sogar ein zukünftiges Leben unter Wasser. Der Beamer von Star Trek macht's möglich, oder vielleicht kann man sich sogar mit dem Handy zum Mond beamen? Aber auch hier gibt es nüchterne und realistische Gedanken – bloß nicht von der Technik und Robotern beherrschen lassen: „I hate roboters, I don't have a job".

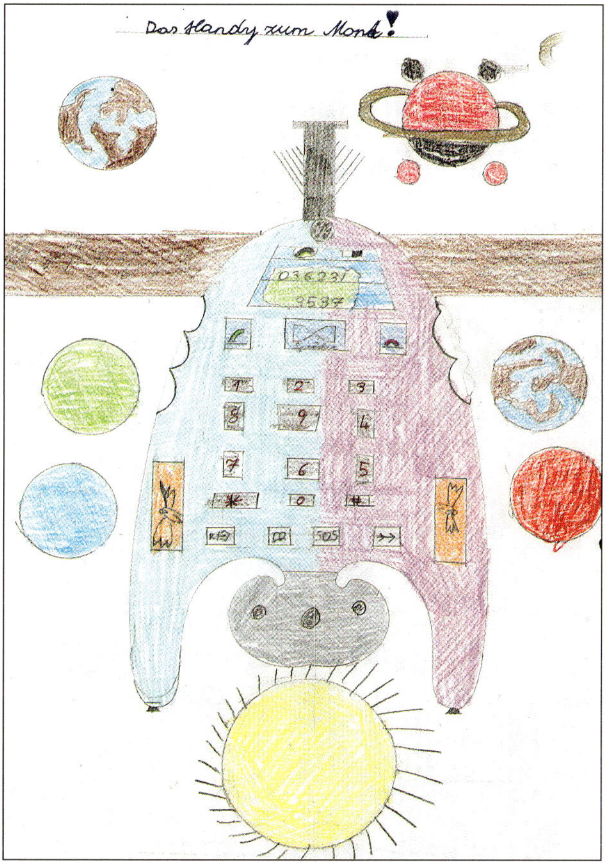

I'm the King
I hate the roboters, I don't have a job
Mom, please buy me a roboter

Ich will ein Auto
erfinden das
fliegen, schwimmen u.
fahren kann.

COMPUTERWELT MORGEN 2000

RESTAURANT

GEGENSTÄNDE FLIEGEN LASSEN
FLIEGEN LERNEN LETZTER TEIL

6 Internet-User bleiben länger jung

Sind „Surfer“ anders als andere Menschen?

Als an jeden österreichischen Haushalt der UNIQA-Fragebogen verschickt wurde, gab es auch die Möglichkeit, per Internet den Fragebogen auszufüllen und abzuschicken. Immerhin 1.026 haben dies getan – eine gute Möglichkeit für die Meinungsforscher, um nachzuprüfen, ob Internet-Anwender anders antworten als die vielen, die lieber noch zu Bleistift oder Kugelschreiber greifen.

Erste interessante Erkenntnis: Das Internet ist nicht so ausschließlich eine Männerdomäne, wie man oft glaubt. Bereits knapp mehr als ein Drittel der elektronischen Antworter waren Frauen und Mädchen. Das weltweite Netz ist auch nicht nur Sache der ganz Jungen: Über die Hälfte der elektronisch eingesandten Fragebögen kamen von Menschen ab 30. Und die deutliche Mehrzahl lebt in Haushalten (noch) ohne Kind.

Diese Besonderheiten der Internet-Gruppe machen Vergleiche mit der gesamten „konventionellen“ Antworterschar natürlich schwer. Um zu sinnvollen Aussagen zu kommen, haben wir uns auf einen eingeschränkten Vergleich eingelassen: Wir stellen nur Menschen vergleichbaren Alters einander gegenüber – also sowohl aus der Gesamtbevölkerung wie auch aus den Internet-Antwortern jeweils nur die Altersklassen von 15 bis 39.

Sind die Internet-User anders als ihre Altersgenossen?

Ja und nein. Nein, denn die großen Trends, die die UNIQA-Studie als Ganzes zeigt, stimmen auch für die Untergruppe Internet-Anwender. Auch sie sind durchwegs gesundheitsbewusst, familiär, optimistisch, am Boden der Realität und sehen die Zukunft bunt. Und ja, weil doch in manchen Antworten Abweichungen zu bemerken sind.

Dem Neuen noch mehr aufgeschlossen

Abweichung Nummer 1: Die Internet-Gruppe ist – wer hätte es auch anders vermutet – der Zukunft, dem Neuen generell noch mehr aufgeschlossen und offen als die gleichaltrige Gesamtbevölkerung. Bei der Frage, wie man sein Leben etwa in 10 Jahren sieht, wählten unter den Internet-Usern rund 10 % mehr das am stärksten lächelnde Smiley-Gesicht.

Ähnlich auch andere einschlägige Antworten: Gibt es schon in der Gesamtbevölkerung nur wenige, und zwar in der Altergruppe bis 39 Jahre nur rund 17 %, die am liebsten in der Vergangenheit leben würden, so sind es unter den Internet-Usern noch einmal um die Hälfte weniger. Dafür sind sie zu fast drei Viertel davon überzeugt, dass die Österreicher allgemein die Vergangenheit bevorzugen – die „Normalbürger" glauben dies nur zu knapp 50 %. Offenbar nehmen sich viele Internet-Anwender in deutlicherem Kontrast zu „den anderen" als besonders modern wahr.

Auch zeigt sich ein klein wenig mehr Fortschrittsglaube und weniger Technikangst. In Frage 15 („Wie wichtig ist Ihrer Meinung nach für die Zukunft ...") gaben je nach Alter zwischen 61 und 69 % der Internet-Gemeinde die höchste Zustimmungsnote 1 der Aussage, „dass Menschen wichtiger bleiben sollen als Computer". In der Vergleichsgruppe der Gesamtbevölkerung waren es zwischen 76 und 84 %.

Dass man einmal Nachbarn von anderen Sternen treffen oder eine Urlaubsreise zum Mond buchen kann, erweckt zwar bei Anwendern der elektronischen Medien ein etwas höheres Interesse, ihr Vorsprung bleibt aber mit wenigen Prozentpunkten dennoch gering. Sehr wichtig sind solche Dinge auch den Usern nicht. Auch dass „alles in allem die Verhältnisse auf der Erde immer besser werden", wollen auch die Internet-

Internet-User: noch optimistischer als andere

Frage 20: Sind Sie eher pessimistisch oder eher optimistisch?

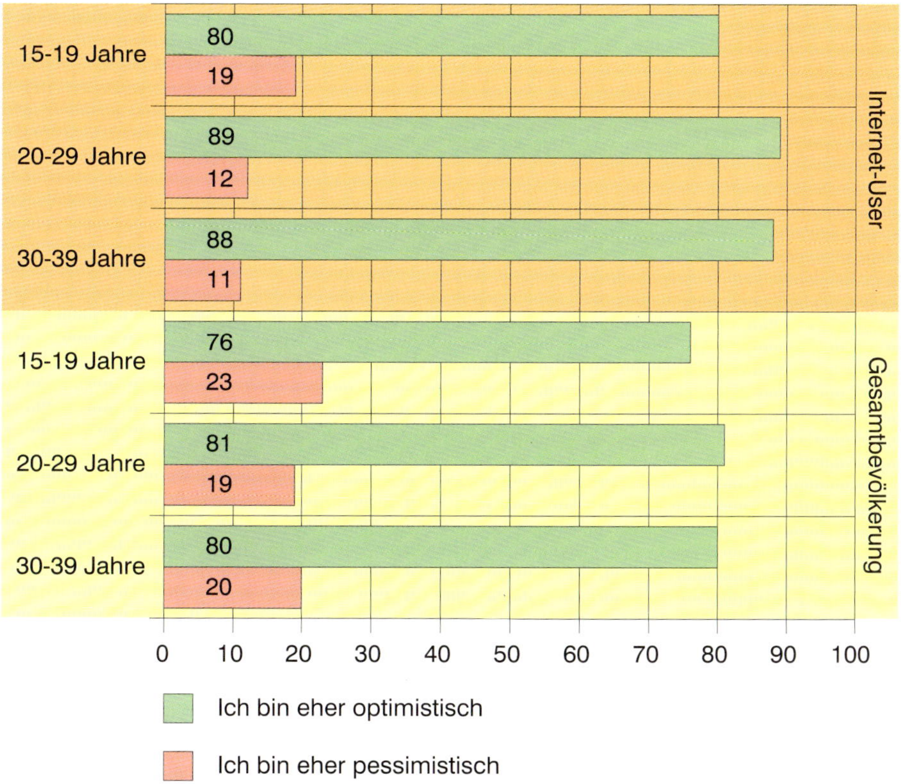

Angaben in %; Basis –1026

Antworter mehrheitlich nicht glauben. Aber es gibt unter ihnen weniger Total-Fortschrittspessimisten, die diese Aussage mit der geringsten Zustimmung (Note 4) bedacht haben: nämlich nur rund 20 % gegenüber rund 30 % in der allgemeinen Bevölkerung.

Dass die Menschen ihre eigene Zukunft rosiger sehen als die der Kinder, gilt auch in der Welt der Internet-Surfer. Viele Internet-Anwender haben sich aber dennoch optimistischer geäußert. In Frage 20 konnte sich jeder auf einer Skala von 1 (pessimistisch) bis 10 (optimistisch) selbst einordnen: Der Internet-Durchschnitt landete, was die eigene Zukunft betrifft, bei 7,7 – die Allgemeinheit bei 7,3. In Bezug auf die Zukunft unserer Kinder lagen die Optimismus-Werte bei 6,5 (Internet) bzw. bei 5,7.

Familiengründung aufgeschoben

Abweichung Nummer 2: Unter den Internet-Usern gibt es mehr Menschen als in der gleichaltrigen Vergleichsgruppe, die mit familiären Werten weniger am Hut haben, die das moderne Tempo leichter verkraften, beruflich engagierter sind und sich eher als Herr ihres Schicksals verstehen. All dies kann freilich durch die Zusammensetzung der Internet-Gruppe beeinflusst sein. Denn es finden sich darin überdurchschnittlich viele gebildete, wohlhabende und großstädtische Menschen, deutlich mehr Männer als Frauen – und unterdurchschnittlich wenig Väter und Mütter.

Bei aller Vorsicht vor Statistiken: Das Ziel, eine Familie zu gründen, wird durch häufige Beschäftigung mit dem Internet offenbar nicht verdunkelt. Es ist nur so, dass unter den Surfern noch deutlich weniger dieses Ziel bereits verwirklicht haben – und das auch noch in der Altersstufe zwischen 30 und 39 Jahren. Von ihnen haben nämlich nur 52 % bereits eine Familiengründung verwirklicht – gegenüber 69 % in der Gesamtbevölkerung gleichen Alters. Verzögert starke Beschäftigung mit neuen Technologien eine Familiengründung – oder haben Kinderlose einfach nur mehr Zeit zum Surfen?

Wer noch keine Kinder hat, sieht auch deren Nöte nicht so direkt. So findet der Satz „Eltern sollten wieder mehr Zeit für ihre Kinder haben" zwar immer noch die mehrheitliche Zustimmung der Internet-Gemeinde – sie fällt aber nicht mehr so überwältigend aus wie bei den anderen. „Mehr Zeit für die Familie haben", „Eine Familie haben, die zu mir hält" und ähnliche Aussagen stoßen bei etwas mehr Surfern auf Ablehnung als in der allgemeinen Bevölkerung.

Die Auswertung der UNIQA-Antworten lässt den Schluss aber nicht zu, dass Internet-Menschen Eigenbrötler werden. Sie feiern gern Feste (sogar in etwas höherem Maß als die Gesamtbevölkerung), haben gern gute Freunde, zeigen sich ein Quentchen sportlicher, sind im Großen und Ganzen dem Umweltschutz gegenüber genauso aufgeschlossen wie andere. Politisch sind sie sogar aktiver. Und was die Ausgestaltung der Beziehung zwischen Mann und Frau betrifft, erweist sich diese von Männern dominierte Gruppe als erstaunlich modern: Dass Männer das Oberhaupt in der Familie sein sollen oder dass Männer sich wieder mehr um den Beruf und Frauen mehr um die Familie kümmern sollten, ist den Surfern deutlich weniger wichtig als der Allgemeinheit.

Sie zeigen im Arbeitsleben mehr Lust zur Eigenständigkeit, leiden – wenn eine etwas simple Rechnung erlaubt ist – im Schnitt um 15 % weniger an Stress als die Allgemeinheit und kommen überhaupt ein bisschen besser mit dem modernen Tempo zurecht. Sie glauben weniger daran, dass das Schicksal ihr Leben bestimmt. Es fällt auch auf, dass unter den Internet-Jüngern mehr Menschen sind, die Wohlstand und Reichtum auf ihre Lebensziel-Liste gesetzt haben, und auch mehr, die bewusst beruflichen Erfolg anstreben. Und dennoch ist vielen das Ziel, „sich etwas Eigenes zu schaffen", vergleichsweise weniger wichtig. Dies kann lediglich eine Folge davon sein, dass viele ja auch noch keine Familie gegründet haben – oder begnügen sie sich leichter mit einem virtuellen Zuhause?

Familienwunsch ohne Eile

Frage 10: Welche der folgenden Pläne haben Sie in Ihrem Leben schon verwirklicht, welche planen Sie und welche kommen in Ihrem Lebensplan nicht vor? – Eine eigene Familie gründen

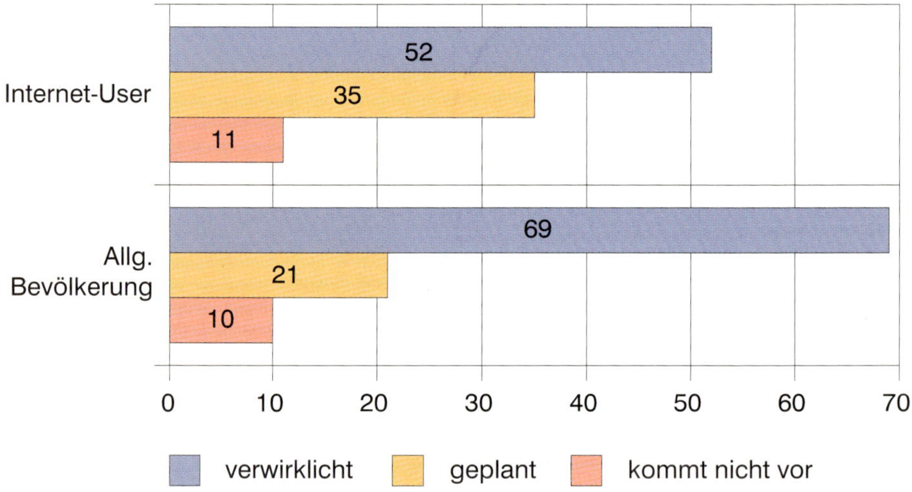

Angaben in %; Altersklasse 30-39 Jahre

Neugier bleibt erhalten

Abweichung Nummer 3 – und vielleicht die sympathischste in der Internet-Gemeinde: Immer wieder ist in den Antworten der Allgemeinheit ein Altersgefälle sichtbar – bei den Surfern aber nicht oder kaum vorhanden. Oder anders gesagt: bei jenen, die per Internet geantwortet haben, kommt es öfter vor, daß die 40-Jährigen noch ähnlich denken wie die 20-Jährigen. Bleiben Menschen im World Wide Web länger jung?

Nehmen wir etwa noch einmal die Aussagen zum Verhältnis von Mann und Frau: In der Gesamtbevölkerung ist es so, dass Fragen wie „Soll der Mann das Oberhaupt der Familie sein?" von den Jungen am heftigsten abgelehnt werden – und mit steigendem Alter schwindet die Ablehnung etwas. Bei den Internet-Usern gibt es hingegen zwischen Teenagern und 40-Jährigen kaum einen Unterschied in der Verteilung der Antworten.

Ähnlich bei der Frage 13 (Wünsche für die persönliche Zukunft): Die Zustimmung zur Aussage „etwas Neues entdecken" geht mit steigendem Alter in der Gesamtbevölkerung etwas zurück (von den 30 bis 39-Jährigen geben nur noch 37 % die Note 1). Bei den Internet-Usern steigt die Zustimmung bis zum Alter der 30 bis 39-Jährigen auf 57 %! (Die Altersklassen darüber sind in der Gruppe der Internet-User für seriöse Vergleiche zu gering.)

Wobei abschließend festgestellt werden kann, dass die Wissbegierde und der Wille, etwas Neues zu lernen, die Internet-Gemeinde ganz allgemein in überdurchschnittlich hohem Ausmaß auszeichnet.

Anders betrachtet

Peter Vitouch

*leitet das Ludwig Boltzmann-Institut
für empirische Medienforschung
und ist bekannter Fachautor*

Ziele, Wünsche, Hoffnungen – eine Typologie

Die Grundlage für die folgende Typenbildung waren die demographischen Variablen Geschlecht, Alter, Bildung, Haushaltsgröße, Größe des Wohnorts und Anzahl der Kinder bzw. Jugendlichen im selben Haushalt. Über diese Variablen wurde eine Clusteranalyse gerechnet und die daraus entstandenen demographischen Typen in einem zweiten Schritt mittels einer sogenannten Passiv-Variablen-Projektion in Hinblick auf ihre Ziele, Wünsche und Zukunftshoffnungen untersucht.

Dabei werden sogenannte „ideale“ Typen gebildet, in denen sich die einzelnen Variablen am deutlichsten in ihrem Zusammenhang abbilden. Alle anderen Personen sind rund um diesen Kern gelagert und unterscheiden sich mehr oder weniger stark davon in ihren Ausprägungen (z. B. in den Variablen Geschlecht, Alter, Anzahl der Kinder).

Von 10.000 erfassten Fragebögen konnten letzten Endes die inhaltsanalytisch erfassten Daten von 9.616 Personen verrechnet werden.

Es ließen sich 5 gut von einander abgrenzbare Typen identifizieren:

1. Die jungen, gebildeten Großstadt-Singles
2. Die verheirateten Pensionisten über 60
3. Die geschiedenen Singles Mitte 50
4. Die gebildeten „Nicht-Singles“ Mitte 30 (DINKI)
5. Die Familie in der Kleinstadt

Typus 1: „Junge, gebildete Großstadt-Singles“

- Sie sind unter 30
- zu 59 % weiblich
- haben Matura mit anschließender Universitäts- oder Fachhochschulausbildung
- wohnen vorwiegend in einem Ein-Personenhaushalt ohne Kinder
- in einer Stadt mit mehr als 1 Mio. Einwohnern

Individuelle Entwicklung

Von allen 5 Gruppierungen betreffen die Wünsche dieses Typs am stärksten die individuellen Entwicklungsmöglichkeiten: Im Vordergrund steht das Bedürfnis nach Freiheit, die Möglichkeit zur Selbstverwirklichung, zu besonderen Erlebnissen, das Streben nach Wohlstand und finanzieller Unabhängigkeit.

Gesundheit / Alter

Dagegen führen sie am wenigsten von allen Wünsche an, die mit Gesundheit bzw. Alter assoziiert sind.

Familie

Im Bereich Familie dominiert bei dieser Gruppe in erster Linie der Kinderwunsch bzw. der Wunsch nach einer eigenen Familie, auch der Wunsch nach Geborgenheit und emotionaler Sicherheit.

Liebe, Partnerschaft, Freunde

Vor allem anderen rangiert allerdings der Wunsch nach einem passenden Liebespartner, auch eine Ehe auf Zeit wird als erstrebenswert angeführt, sowie die Aufweichung traditioneller Rollenmuster. Daneben ist auch ein guter, verlässlicher Freundeskreis Bestandteil des Wunschkatalogs dieser Gruppe.

Arbeit / Berufsleben

Ähnlich relevant wie Liebes- und Freundschaftsbeziehungen ist allerdings auch das berufliche Vorankommen für die jungen, gebildeten Großstadt-Singles. Einerseits ist es wichtig, einen guten Job zu haben bzw. zu finden und ein ausgefülltes Berufsleben zu haben, andererseits spielt auch die Vereinbarkeit von Berufs- und Privatleben eine bedeutende Rolle bei den Zukunftsvorstellungen dieser Gruppierung. Aber auch der soziale Status und das Prestige, die mit einer entsprechenden Karriere verbunden sind, sind von Bedeutung.

„Einen Job haben, der mir Freude bereitet. Wohnung mit Terrasse, mehr Geld, vielleicht neuen Freund, öfter Reisen in ferne Länder“

Umwelt, Politik, Soziales

Umwelt und Politik nehmen dagegen so gut wie keinen Raum in den zukunftsbezogenen Überlegungen und Phantasien dieses Typs ein, ähnliches gilt für soziale Themen.

Typus 2: „Verheiratete Pensionisten über 60“

Die Mitglieder dieser Gruppierung sind:

- zwischen 60 und 100 Jahre alt
- zu 78 % männlich
- haben die Pflichtschule oder eine Fachschule bzw. berufsbildende Schule ohne Matura absolviert
- wohnen vorwiegend in einem Zwei-Personenhaushalt ohne Kinder
- in Städten jeglicher Größe

Individuelle Entwicklung

Die Zukunftshoffnungen dieses Typs beziehen sich unter allen 5 Gruppierungen am wenigsten auf den Bereich „individuelle Entwicklung“, und wenn doch, dann unter völlig anderen Vorzeichen als etwa beim

„jungen, gebildeten Großstadt-Single". Die „verheirateten Pensionisten" wünschen sich in erster Linie Entspannung, Ruhe, wenig Stress, keine Schicksalsschläge, finanzielle Stabilität, „alles soll so bleiben, wie es ist", ein Lotto-Sechser wäre vielleicht nicht schlecht, ansonsten sind noch Hobbys, sportliche Aktivitäten und Reisen wichtig.

Gesundheit / Alter

Die meisten Wünsche beziehen sich auf den Themenbereich Gesundheit/Alter. Gesundheit ist das höchste Gut, wobei die eigene Gesundheit einen größeren Stellenwert hat als etwa Gesundheit für alle Menschen oder Gesundheit für die Familie.

„Gesundheit und eine gesicherte Pension, vielleicht einen Lotto-Sechser"

Gute Vorsätze kreisen um einen gesundheitsbewussteren Lebensstil, wie Gewichtsreduktion, Reduktion des Zigaretten- und/oder Alkoholkonsums etc. mit dem Ziel, fit bis ins hohe Alter zu bleiben. Damit zusammenhängend steht auch der medizinische Fortschritt auf der Wunschliste. Auch die finanzielle Absicherung eines gesunden, lebenswerten Alters ist wichtig.

Familie

Das vorrangige Interesse gilt den Enkelkindern und deren finanzieller Absicherung, der Berufssituation der Kinder und ganz allgemein der Versorgung der Familie.

Liebe / Partnerschaft / Freunde & Arbeit / Berufsleben

Die beiden Bereiche, die etwa für den jungen, gebildeten Großstadt-Single von zentraler Bedeutung sind (private Beziehungen und Beruf), spielen für die Pensionisten so gut wie keine Rolle (mehr).

Soziales

Dagegen machen sie sich relativ viele Gedanken über die Gestaltung des Miteinanders sowohl im privaten wie auch im öffentlichen Bereich.

Sie wünschen sich mehr Hilfsbereitschaft, Toleranz, Respekt, Verständnis und Harmonie bzw. Gewaltlosigkeit, keine Kriege und die Wahrung der Menschenrechte.

Umwelt
Die Umwelt soll unbeschädigt für die folgenden Generationen erhalten werden, was verbunden ist mit dem Wunsch nach der Abschaffung von Gentechnik, Atomkraft und der Verhinderung anderer gefährlicher Entwicklungen.

„In Ruhe und Frieden leben zu können ohne Bedrohung, keine Teilnahme an Kriegen, mehr Ehrlichkeit in der Politik, mehr Wahrheit im Leben“

Politik
Von allen 5 Gruppierungen beschäftigt sich diese Gruppe am intensivsten mit politischen Themen und wünscht sich vor allem Sicherheit und Stabilität, vernünftige, bessere Politiker bzw. vernünftige, bessere Gesetze.

Typus 3: „Geschiedene Singles Mitte 50“

Die Mitglieder dieser Gruppierung sind:

- um die 55 Jahre alt
- zu 64 % weiblich
- verfügen zu 78 % über einen Pflichtschulabschluss
- wohnen vorwiegend in einem Ein-Personenhaushalt ohne Kinder
- in einer Stadt mittlerer Größe

Individuelle Entwicklung
Im Bereich individueller Entwicklungsmöglichkeiten wünschten sich die geschiedenen Singles Mitte 50 vor allem Mut und Stärke, um das tägliche Leben zu meistern, Probleme zu lösen und Entscheidungen zu treffen, wobei sie bestimmt sind von einer gewissen Schicksalsgläubigkeit. Es sind auch gewisse esoterische Tendenzen erkennbar.

Im Freizeitbereich sind es vor allem kulturelle Interessen und Reisen, die ihre Wunschvorstellungen bestimmen. Im materiellen Bereich träumen sie von Geld, finanzieller Stabilität, Schuldenabbau, Gewinn, Reichtum und einem Lotto-Sechser.

Gesundheit / Alter

Auch diese Gruppe betrachtet Gesundheit als höchstes Gut, sie möchte gesundheitsbewusst leben, um fit bis ins hohe Alter zu bleiben, sie möchte sich Gesundheit aber auch leisten können. Auch Phantasien über ewige Jugend und Unsterblichkeit sind bei dieser Bevölkerungsgruppe anzutreffen. Das hindert sie allerdings nicht daran, sich von allen Gruppierungen die meisten Gedanken über Betreuungseinrichtungen, Pflege im Krankheitsfall und Altenbetreuung zu machen, und auch der Wunsch, in Würde zu sterben, ist bei dieser Gruppe als einziger besonders stark ausgeprägt.

Familie

Die Familie spielt keine allzu bedeutende Rolle bei den Zukunftshoffnungen dieses Typs, einzig die Hoffnung, durch die Familie versorgt und im Alter nicht allein zu sein, wird genannt, sowie der Wunsch nach Geborgenheit und emotionaler Sicherheit bzw. nach mehr Kontakt.

„Schlimme Erfahrungen überwinden, Ruhe und Ausgeglichenheit finden, harmonische Partnerschaft, keine finanziellen Sorgen haben"

Liebe, Partnerschaft, Freunde

Die Singles Mitte 50 träumen davon, einen Partner zu finden, wobei sie auf die Erhaltung traditioneller Rollenmuster bedacht wird. Daneben ist es ihnen wichtig, gute, verlässliche Freunde zu haben.

Arbeit / Berufsleben

Der Bereich Arbeit/Beruf ist eher zweitrangig für diese Gruppierung und wird am ehesten im Zusammenhang mit dem Wunsch nach einem guten Betriebsklima und Chancengleichheit angeführt.

Soziales

Dagegen nehmen soziale Themen einen großen Raum in den Zukunftsvorstellungen dieses Bevölkerungssegments ein: Der Wunsch zu helfen, aber auch Hilfsbereitschaft, Rücksicht und Verständnis im Umgang miteinander, auf privater und nationaler Ebene, aber auch der Wunsch nach Gleichberechtigung werden hier genannt.

Umwelt, Tiere

Auch die Umwelt und der Tierschutz spielen eine bedeutende Rolle in den Wünschen dieses Bevölkerungstyps – gesunde Umwelt, gesunde Lebensmittel, keine Gentechnik, Atomkraft etc. sind hier von großer Bedeutung.

Politik

Bei den Singles Mitte 50 sind politische Themen in den Zukunftswünschen eher peripher vertreten.

Typus 4: „Gebildete Nicht-Singles Mitte 30“ (DINKI)

Die Bezeichnung „DINKI“ – Double Income, No Kids – stimmt insofern nicht ganz, als der hier identifizierte Typus auch ein (Einzel-)Kind haben kann.

Die Mitglieder dieser Gruppierung sind:

- um die 35 Jahre alt
- zu 52 % weiblich
- verfügen über einen Hochschulabschluss
- wohnen in einem mindestens Zwei-Personenhaushalt mit keinem oder höchstens einem Kind
- in einer Großstadt

Individuelle Entwicklung

Die Mitglieder dieser Bevölkerungsgruppe wünschen sich Entspannung, Ruhe, weniger Stress und mehr Freizeit, in der sie ihren Hobbys

und kulturellen Interessen nachgehen und Genuss und Spaß durch besondere Erlebnisse erfahren können. Auch Religion und Spiritualität sind Bereiche, die die Erfahrungswelt dieses Typs bereichern sollen.
Im materiellen Bereich wünscht sich der DINKI Wohlstand und die dazugehörigen Güter, etwa, um seine Wohnsituation zu verbessern. Allerdings denkt er, wie die Gruppen zuvor, dass diese Träume nicht durch einen Lotto-Sechser zu verwirklichen sind.

Gesundheit / Alter

Diese Gruppierung wünscht sich Gesundheit für die Familie und medizinischen Fortschritt, beschäftigt sich im Allgemeinen aber kaum mit Themen wie Gesundheit und Alter.

„Gesundheit, ein bisschen mehr Geld, eine gute Ausbildung für die Kinder, mehr Zeit für mich"

Familie

Sie wünscht sich allerdings ein intaktes Familienleben und ausreichend Zeit, um viel mit der Familie unternehmen zu können.
Ausgeprägt sind auch der Kinderwunsch und die Hoffnung, den Kindern eine gute Erziehung und Sicherheit bieten und sie entsprechend finanziell versorgen zu können bzw. sie glücklich und erfolgreich heranwachsen zu sehen.
Im Bereich Familie ist ihr auch die Umstrukturierung der Rollenmuster ein Anliegen.

Liebe, Partnerschaft, Freunde

Bei aller Umstrukturierung strebt diese Bevölkerungsgruppe dennoch die Ehe als Lebensbund an, sie will in einer langanhaltenden, glücklichen Partnerschaft alt werden.

Arbeit / Berufsleben

Einen wichtigen Teil der Zukunftshoffnungen dieses Typs stellen ein ausgefülltes Berufsleben, Spaß an der Arbeit und die Verwirklichung

des Traumberufs dar, wobei die Vereinbarkeit von Privat- und Berufsleben nicht zu vergessen sind.
Im Zusammenhang mit seiner Karriere wünscht sich der DINKI durchaus eine berufliche Veränderung, insbesondere größeren beruflichen Handlungsspielraum.

„Frauen und Männer sollten gleichberechtigt sein, Umverteilung von Arm und Reich, Entschuldung der Dritten Welt“

Soziales, Umwelt, Politik
Im Bereich Umwelt, Soziales, Politik beschäftigt diese Gruppierung vor allem die Wahrung der Menschenrechte und die Erhaltung der Umwelt für nachfolgende Generationen.

Typus 5: „Die Familie in der Kleinstadt“

Die Mitglieder dieser Gruppierung sind:

- um die 35 Jahre alt
- zu 52 % weiblich
- verfügen über einen Pflichtschulabschluss und/oder waren auf einer berufsbildenden Schule ohne Matura
- wohnen in einem Vier- bis Fünf-Personenhaushalt mit 2 bis 3 Kindern
- in einer Stadt mit weniger als 10.000 Einwohnern

Individuelle Entwicklung
Die Mitglieder dieser Gruppe wünschen sich ganz allgemein Glück, Zufriedenheit und Anerkennung, aber auch mehr Freizeit.
Auf ihrer Wunschliste stehen diverse Wohlstandsgüter, vor allem Geld und finanzielle Stabilität, wobei auch die Begleichung von Schulden oder die Zurückzahlung eines Kredits angestrebt werden.

Als einzige Gruppierung träumt diese Bevölkerungsgruppe davon, ein Haus fertigzustellen, was durch die spezielle ländliche Wohnsituation bedingt sein dürfte.

Gesundheit / Alter

Die Familie aus der Kleinstadt wünscht sich in erster Linie Gesundheit für alle Menschen und insbesondere für die eigene Familie.

Familie

Die meisten Wünsche dieser Bevölkerungsgruppe konzentrieren sich auf die Familie. Hier dominiert der Wunsch nach einem intakten, glücklichen Zusammenleben, viel gemeinsamer Zeit, einer guten Beziehung zu den eigenen Kindern, guten beruflichen Zukunftsaussichten für diese Kinder, aber auch mehr staatliche Unterstützung für Familien.

„Friede unter den Menschen, Arbeitsplatz behalten, sorgenfreies Leben für die Kinder, glückliche Partnerschaft bewahren, Fassade vom Haus leisten können"

Liebe, Partnerschaft, Freunde

Im Bereich Liebe, Partnerschaft wird die Ehe als Lebensbund angestrebt, allerdings wird auch Wert gelegt auf Gleichberechtigung, Aufteilung der Hausarbeit und eine gewisse Umstrukturierung der Rollenmuster.

Arbeit / Berufsleben

Besonders wichtig ist für diese Gruppe die Vereinbarkeit von Privat- und Berufsleben. Weiters wünscht sie sich Chancengleichheit für Männer und Frauen, einen beruflichen Neuanfang bzw. Wiedereinstieg und Weiterbildung, materielle Sicherheit bzw. eine finanzielle Verbesserung.

„Dass meine Kinder – alle Kinder – nicht nur mehr Chemie zum Essen bekommen (Pflanzendünger, Gentechnik, Hormone)"

Soziales, Politik, Umwelt

Soziale und politische Themen spielen in den Zukunftsvisionen dieser Bevölkerungsgruppe so gut wie keine Rolle, dagegen sind Umweltthemen besonders stark vertreten: Eine gesunde Umwelt, die Erhaltung dieser Umwelt, vor allem für folgende Generationen, aber auch gesunde Lebensmittel und die Bekämpfung von Gentechnik, Atomkraft und anderen gefährlichen Entwicklungen nehmen einen großen Raum in den Überlegungen dieser Gruppe über eine wünschenswerte Zukunft ein.

Abschließend sollen noch die Optimismuswerte dieser 5 extrahierten Typen angeführt werden. Es zeigt sich, dass die „Gebildeten Nicht-Singles Mitte 30 – DINKI" sich am optimistischsten präsentieren, während die „Geschiedenen Singles Mitte 50" die niedrigsten Optimismuswerte aufweisen.

Optimismuswerte

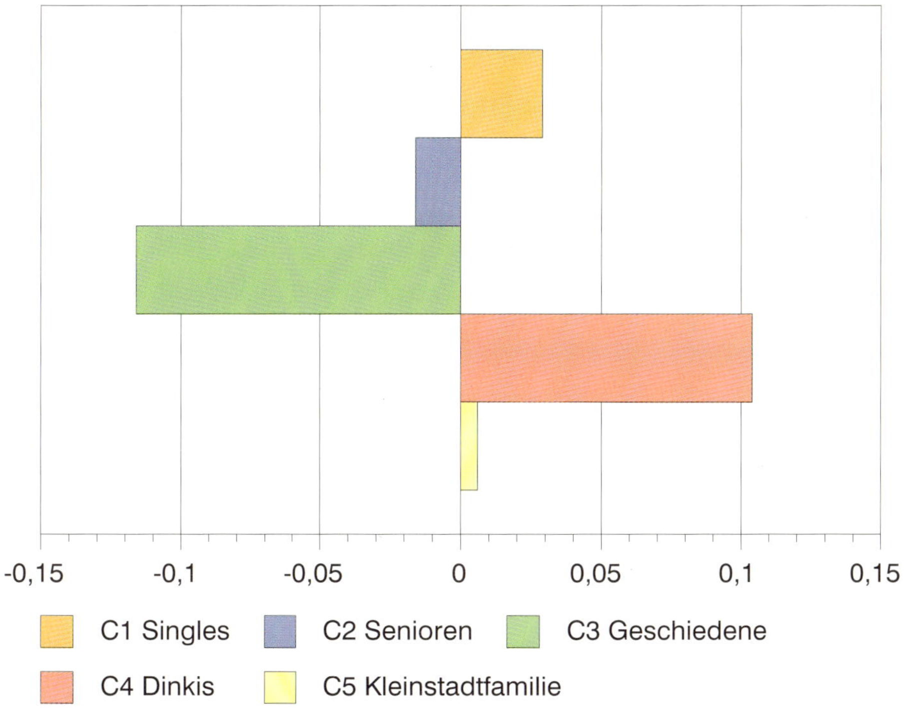

z-Werte

Die Typologien im Überblick

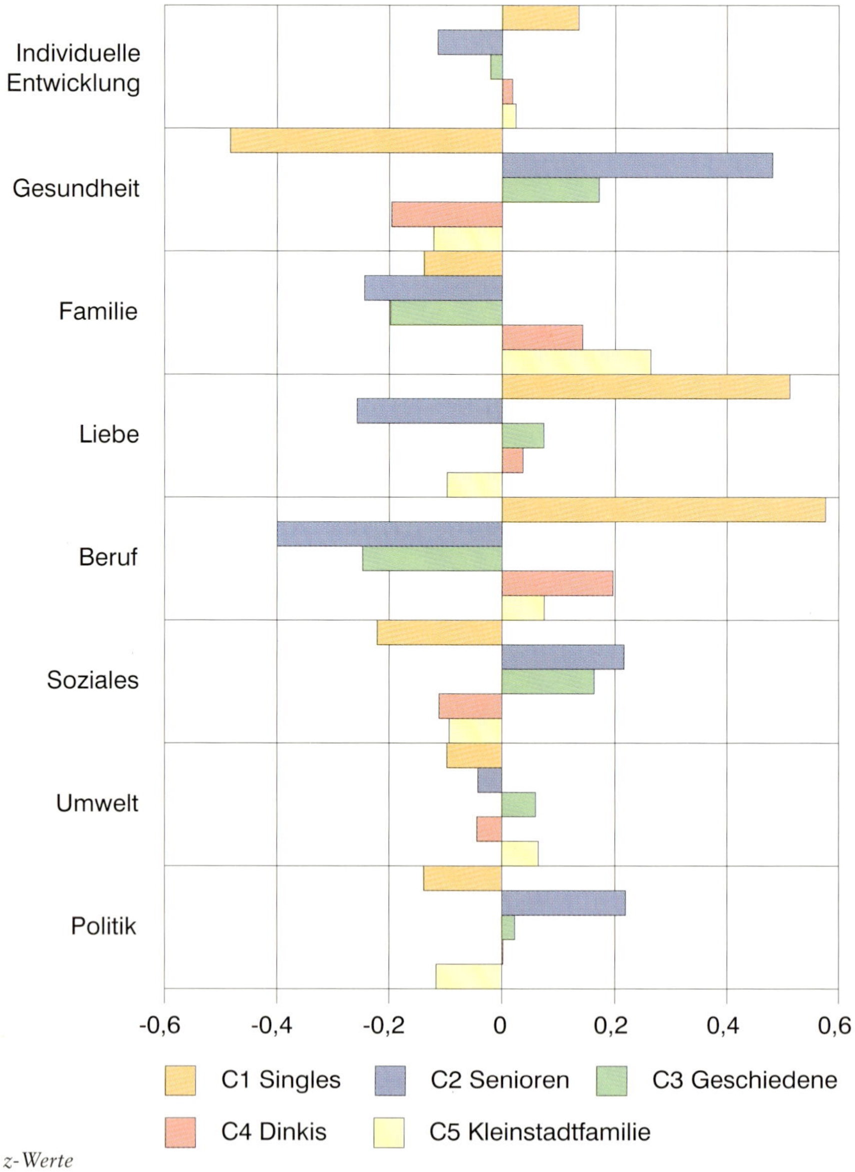

z-Werte

Eine Reflexion der Medienrealität

Erstaunlicherweise gab es so gut wie keine klischeehaften Fernsehantworten. Bei den Wünschen wurde z. B. nie das „Traumschiff" oder ein Penthouse in New York als Lebensziel erwähnt. Das heisst, die Österreicherinnen und Österreicher greifen auf ihre ureigensten Bedürfnisse und Wünsche zurück. Das ist deswegen bemerkenswert, weil die Ergebnisse der amerikanischen Vielseherforschung andere Vermutungen nahegelegt hätten.

Der amerikanische Soziologe George Gerbner untersuchte während der vergangenen 25 Jahre den Einfluss des Fernsehens auf die Rezipienten. Er konzentrierte sich dabei auf die Effekte des Vielfernsehens, das nach seinen Ergebnissen dazu führt, dass die Zuschauer beginnen, in einer „Fernsehwelt" zu leben. Diese unterscheidet sich von der realen Welt aber in vielfältiger Weise.

In der Fernsehwelt werden viel mehr Verbrechen begangen. Man begegnet viel öfter Polizisten, Rechtsanwälten und Richtern. Die Chance, in dieser Welt das Opfer eines Verbrechens zu werden, ist ungleich höher als in der Realität. Es werden einem in den Nachrichten eher die negativen Dinge des Lebens vor Augen geführt. In den Soap Operas und Vorabendserien wimmelt es von Schicksalsschlägen.
Bei den Vielsehern führt dieses „Leben in der Fernsehwelt" zu Effekten wie dem „erbärmliche Welt"-Syndrom oder dem Gefühl der „politischen Maläse". Beide basieren auf der Überproportionalität von negativen Ereignissen in der Fernsehrealität im Vergleich zum täglichen Leben. Aus diesem Grund schätzen z. B. Vielseher die Wahrscheinlichkeit, Opfer eines Verbrechens zu werden, viel höher und damit unrealistischer ein als Wenigseher. Daraus entsteht dann im Extremfall die Überzeugung, in einer erbärmlichen Welt zu leben und die Politik nur als eine einzige Maläse ansehen zu können.

Diese Tendenz, die Medienwelt in das eigene Weltbild einzubauen, wird als einer der Langzeiteffekte des Fernsehens angesehen. Die immer stärker werdende Präsenz dieses Mediums im täglichen Leben und sein Beitrag zur öffentlichen Meinung tun das ihrige dazu.
Umso erstaunlicher ist das Ergebnis der vorliegenden Untersuchung. Die Österreicher und Österreicherinnen haben sich ihr Realitätsbewusstsein bewahrt.

Autorenverzeichnis

Prof. Dr. Rudolf Bretschneider hat als wissenschaftlicher Leiter die UNIQA-Studie betreut. Prof. Bretschneider ist geschäftsführender Gesellschafter des Fessel-GfK-Instituts, Österreichs größter Meinungsforschungs-Einrichtung. Prof. Bretschneider hat Psychologie, Germanistik und Leibesübungen studiert und zahlreiche Publikationen zu Fragen der Sozialforschung veröffentlicht. Von 1986–1993 hatte Bretschneider außerdem die Herausgeberschaft der Zeitschrift „Wiener Journal" übernommen. An der UNIQA-Zukunftsstudie war Prof. Bretschneider von der Konzeption der Fragebögen an involviert und hat im September 1999 die Ergebnisse in einer wissenschaftlichen Studie zusammengefasst.

Dipl.-Ing. Albert Hochleitner gehört zu den bekanntesten und einflussreichsten Wirtschaftsmanagern des Landes. Der Diplomingenieur der Technischen Physik ist seit 1994 Vorsitzender des Vorstandes der Siemens AG Österreich. Als Generaldirektor des größten industriellen Arbeitgebers in Österreich ist Albert Hochleitner nicht nur Produzent modernster technischer Anwendungen und Schirmherr über wegweisende Forschung und Entwicklung, sondern täglich auch im eigenen Unternehmen mit den Auswirkungen des technischen Wandels auf die Arbeitswelt konfrontiert. Im Jahr 1997 war Albert Hochleitner Technologiebeauftragter der österreichischen Bundesregierung.

Professor Dr. Gertrud Höhler ist weltweit als Beraterin von Wirtschaft und Politik tätig. In zahlreichen Vorträgen und Aufsätzen widmet sich die promovierte Literaturwissenschaftlerin Fragen der Kultursoziologie und Zukunftsbewältigung, Öffentlichkeitsarbeit, Führung und Unternehmenskultur. Viele ihrer 17 Buchveröffentlichungen wurden zu Bestsellern, so etwa „Spielregeln für Sieger“ 1991, „Wettspiele der Macht“ 1994, „Herzschlag der Sieger. Die EQ-Revolution“ 1997 sowie ihr jüngstes Werk „Der veruntreute Sündenfall. EntZweiung oder neues Bündnis?“ über das Verhältnis von Frau und Mann. 1999 wurde Gertrud Höhler mit dem Verdienstorden der Bundesrepublik Deutschland ausgezeichnet.

Professor Dr. Bernd Lötsch ist seit nunmehr 30 Jahren in Umweltfragen engagiert und einer breiten Öffentlichkeit spätestens seit seinem Auftreten gegen die Errichtung des Kraftwerkes in Hainburg bekannt. Der Biologe und Leiter des Institutes für Umweltwissenschaft und Naturschutz in Salzburg wurde 1986 zum Präsidenten des Nationalpark-Institutes Donau-Auen ernannt und leitet seit 1994 als Generaldirektor das Naturhistorische Museum in Wien.

Dr. Antonella Mei-Pochtler ist Geschäftsführerin der Boston Consulting Group (BCG) in München und Wien. BCG ist eine der führenden Unternehmensberatungen der Welt. Antonella Mei-Pochtler ist Betriebswirtin und hat an der renommierten Post-Graduate-Universität INSEAD in Fontainbleau das Studium zum Master of Business Administration (MBA) mit dem begehrten Dean's List Award abgeschlossen. Ihr Beratungsschwerpunkt liegt in der Erarbeitung von Strategien und Veränderungsprozessen im Konsumgüter-, Handels- und Medienbereich. Darüber hinaus leitet sie weltweit die Praxisgruppe Pulp & Paper. Antonella Mei-Pochtler ist verheiratet und Mutter von 3 Kindern.

Professor Dr. Gabriele Morello ist einer der führenden Persönlichkeiten der europäischen Meinungsforschung. Er leitet ISIDA, ein Post-Graduate-Zentrum der Universität Palermo, das er selbst gegründet hat. Professor Morello, der seine Ausbildung – Rechtswissenschaft, Wirtschaft, Statistik und Psychologie – unter anderem in Oxford und Stanford erhalten hat und fließend 6 Sprachen spricht, hat bereits in sämtlichen europäischen Ländern, wie auch auf allen Kontinenten als Vortragender gewirkt und Studien durchgeführt. Zu seinen Spezialgebieten gehört die Zeitorientierung der Menschen – also die Frage nach der Vergangenheits-, Gegenwarts- oder Zukunftsbezogenheit.

Dr. Angelika Trachtenberg ist promovierte Psychologin und ausgebildete Marktforscherin. Nach ihrem Studium an der Universität Wien arbeitete sie am renommierten Fessel-Gfk-Institut und leitete danach die Marktforschung der Austria Tabak. Danach stieg Angelika Trachtenberg in die Werbewirtschaft um und wurde Planning Director der Agentur Team/BBDO, der sie seit 1997 als geschäftsführende Gesellschafterin vorsteht. Die Expertin für Werbe- und Kommunikationspsychologie nimmt in der Agentur die Aufgaben Strategische Planung, Verbraucherpsychologie und Entwicklung von Kommunikationsstrategien wahr.

Professor Dr. Peter Vitouch ist international anerkannter Medienpsychologe. Schon während des Aufbaus seiner Universitätskarriere – Vitouch ist seit 1988 Professor für Psychologie – arbeitete er an Medienprojekten mit. So hat er den ORF bei der Kindersendung „Am, dam, des“ beraten, begleitete ebenfalls als Berater die Sendung „Sesamstraße“ und ist seit 1980 Mitglied des Wissenschaftlichen Beirates des Norddeutschen Rundfunks für das Kleinkinder- und Jugendprogramm. Seit 1991 leitet Professor Vitouch, Autor zahlreicher Fachartikel zur Medienpsychologie und der Kurier-Kolumne „In Medias Res“, das von ihm gegründete Ludwig Boltzmann-Institut für empirische Medienforschung (LIFEM) in Wien.